Marc Augé

Lob des Fahrrads

Marc Augé

Lob des Fahrrads

Aus dem Französischen
von Michael Bischoff

Mit zwölf Zeichnungen
von Philip Waechter

C.H.Beck

Die Originalausgabe erschien auf Französisch
unter dem Titel:
Éloge de la bicyclette
© 2008, 2010, Editions Payot & Rivages

Für die deutsche Ausgabe:
© Verlag C.H.Beck oHG, München 2016
Satz: Fotosatz Amann, Memmingen
Druck und Bindung: Druckerei Pustet, Regensburg
Gedruckt auf säurefreiem und alterungsbeständigem Papier
(hergestellt aus chlorfrei gebleichtem Zellstoff)
Umschlagentwurf: Rothfos & Gabler, Hamburg
Umschlagabbildungen: Philip Waechter
Printed in Germany
ISBN 978 3 406 69028 0

www.chbeck.de

Inhalt

Das Fahrrad –
vom Mythos zur Utopie

Man kann das Fahrrad nicht loben, ohne von sich zu sprechen. Das Fahrrad gehört zur Geschichte eines jeden von uns. Radfahren lernen, das verweist auf besondere Augenblicke in der Kindheit und Jugend. Durch das Rad entdeckt jeder ein wenig von seinem Körper, seinen körperlichen Fähigkeiten, und erlebt die damit verbundene Freiheit. Über das Fahrrad sprechen heißt daher für jemanden meiner Generation unvermeidlich auch, Erinnerungen heraufzubeschwören. Diese Erinnerungen sind jedoch keineswegs nur persönlicher Natur; sie wurzeln in einer Zeit, einem Milieu, einer Geschichte, die wir mit Millionen anderen Menschen teilen. Nach dem Zweiten Weltkrieg gewann der äußerst populäre Radrennsport mit der Wiederaufnahme der Tour de France eine epische Dimension. Diese Dimension ist bis heute lebendig, trotz der Krise, in die das Profigeschäft und die Dopingaffären den Radsport gebracht haben. Es ist eine schwere Krise, vor allem weil sie an das intime Gedächtnis und die persönliche Mythologie des Einzelnen rührt. Vielleicht kann sie aber gerade deshalb gelöst werden, denn Mythen haben ein zähes Leben. Außerdem kommt dem Fahrrad der Städtebau zu Hilfe. In dem Augenblick, da die Urbanisierung der Welt die Träume vom Landleben dazu verdammt, sich in Klischees geordneter Natur (Stadtparks) oder in Abbilder phantasierter Natur (Freizeitparks) zu flüchten, verwandelt das Wunder des Radfahrens die Stadt erneut in ein Land der Abenteuer oder zumindest des Reisens. Dieses Wunder macht seit Langem schon den Reiz von Städten wie Amsterdam oder Kopenhagen aus, aber plötzlich glauben nun auch französische Stadtplaner wieder an Wunder und versuchen, wenn auch mühsam und ungeschickt, solche Wunder in den beiden vom Autoverkehr am stärksten verstopften Städten Frankreichs zu verwirklichen. Wenn man den Einwohnern und Besuchern in Paris und Lyon kostenlos Fahrräder zur Verfügung stellt, zwingt man sie, einander zu sehen und zu begegnen, die Straßen in soziale Räume zu verwandeln, den städtischen Lebensraum neu zu gestalten und die Stadt zu träumen. 1968 ist lange vorbei. Das Leben zu ändern, das bedeutet heute zuallererst, die Stadt zu verändern. Es gibt viel zu tun, und nicht alles, was getan wird, ist gut. Aber dass eine Utopie ihren Ort gefunden hat, das ist schon etwas.

Gelebter Mythos

Mythos und Geschichte

Beginnen wir mit einigen Daten und ein paar Verweisen. Ich führe sie hier ganz unsystematisch an, um denen, die es nicht selbst erlebt haben, eine Vorstellung vom eigentümlichen Charakter der Zeit gegen Ende der Vierzigerjahre zu geben. Nach den schlimmsten Gräueln der Geschichte, kurz nach dem Abwurf der ersten Atombomben und unmittelbar vor dem sogenannten Gleichgewicht des Schreckens, machte sich der Drang, endlich zu leben, in Europa in einem bis dahin ungeahnten Maß bemerkbar – in einem Europa, das das 19. Jahrhundert noch nicht ganz hinter sich gelassen hatte. Damals gab es die Arbeiterklasse noch, und obwohl manche von den Widersprüchen und Verbrechen der sowjetischen Lager wussten oder davon hätten wissen müssen, glaubten die Arbeiter an die Zukunft des Sozialismus. Das Fahrrad, damals ein unverzichtbares Hilfsmittel der in bescheidenen Verhältnissen lebenden Menschen, aber auch Symbol der Träume und Fluchten, brachte die Ambivalenz einer Lage zum Ausdruck, in der die Härte des Lebens noch an der Elle des Zukunftsversprechen gemessen wurde. Der Spielfilm *Fahrraddiebe* von Vittorio de Sica entstand 1948, *Tatis Schützenfest* 1949. Fausto Coppi, Weltmeister im Verfolgungsrennen, gewann 1949 den Giro d'Italia und die Tour de France. *Fahrraddiebe*, das erste Meisterwerk des italienischen Neorealismus, erzählt von der Not und den Verirrungen eines Arbeitslosen in einem Vorort von Rom. Er findet eine Arbeit als Plakatkleber, wozu er unbedingt ein Fahrrad benötigt, doch seines hat er ins Pfandhaus gebracht. Seine Frau verpfändet drei Garnituren Bettwäsche, um das Rad auszulösen. Der Film schildert den Tag, an dem dem unglückseligen Helden sein Rad gestohlen wird, er den Dieb zu finden versucht, aus dessen Wohnviertel vertrieben wird, selbst ein Fahrrad stiehlt, dabei erwischt wird und seinen Tag in Schande und Verzweiflung beschließt. *Tatis Schützenfest* ist eine in ländlicher französischer Umgebung angesiedelte Slapstickkomödie. Der von Jacques Tati gespielte Postbote hat nichts von einem tragischen Helden. Die Figur des schlaksigen, ungeschickten, von seiner Umgebung in freundlicher Weise auf den Arm genommenen Mannes ist ganz auf Nachahmung ausgelegt. Er spielt den Postboten, wie Sartres Kellner den Kellner spielte; er geriert sich als Radrennfahrer, wenn er die Fahrer des örtlichen Radrennens vorbeiziehen sieht oder wenn er jungen Leuten aus der Region begegnet; er existiert allein durch den Blick der anderen, aber niemand beachtet ihn wirklich. Er verkörpert eine Form der Einsamkeit und Armut, aber auf leichte, humoristische Weise. Der junge Fausto Coppi arbeitete in einer Metzgerei und fuhr mit dem Fahrrad Ware aus, wie nach ihm Louison Bobet für die Bäckerei seiner Familie Brote und Croissants auslieferte. Auf dem Weg zur Verwirklichung seines Traums, Radrennfahrer zu werden, begann er als Wasserträger Gino Bartalis, bevor er der

»perfekte Held« wurde, von dem Barthes sprechen wird – der Champion, von dem dann ganze Generationen träumten, weil er zugleich für Mut, Intelligenz, Beherztheit und Unglück stand. Innerhalb weniger Jahre gelang ihm der Sprung aus den Niederungen des Neorealismus in die glanzvolle Sphäre des Mythos. Eines Mythos, der auch politischen Charakters war, denn gegenüber dem konservativen Gino Bartali, dem Idol der Christdemokraten, erschien Coppi als Sohn des Volkes, den die linke Presse liebte und der dann auch noch eines ehebrecherisch-romantischen Abenteuers wegen den Zorn des Vatikans auf sich zog.

Zur selben Zeit lachte ganz Frankreich über ein Chanson von Bourvil mit dem Titel *À bicyclette* (entstanden 1947), ein leicht anzügliches, recht einfältiges und in der »gallischen« Tradition ländlicher Komik gehaltenes Lied, in dem sich jedoch, parodierend und komisch, sämtliche »Mytheme« der Radrennfahrerlegende wiederfinden – das Rad, der Rennfahrer und die Tour:

»… Und wen sehe ich da plötzlich vor mir?

Ein schönes Mädchen mit frischem Gesicht

Auf dem Rad.

[…]

– Sind Sie Rennfahrer?

– Nein, ich bin kein Rennfahrer …

[…]

Sind Sie die Tour gefahren?

Die Tour de France?

Nein, aber ich habe Touren gemacht …«

Ein Mythos kann nur entstehen, wenn er von der Geschichte getragen wird und die Menschen darin die transzendente Form ihres eigenen Lebens erkennen. Daher ist es nicht verwunderlich, dass das Rad und die Radchampions Gegenstand einer Art Volkskult wurden, als vor dem Krieg, 1936, 1937 und 1938, und nach der Einführung des bezahlten Urlaubs Fahrräder und Tandems die Straßen Frankreichs überschwemmten – und dann in der Nachkriegszeit zahlreiche Arbeiter mit dem Fahrrad zur Arbeit fuhren.

Wenn dieser Kult heute in Frankreich offenbar
sehr viel rascher verschwindet als in anderen europäischen Ländern, so zweifellos deshalb, weil die Verbindung zwischen alltäglichem Leben und Mythos
beträchtlich schwächer geworden oder gänzlich zer-
brochen ist. Die räumliche Trennung zwischen Wohn-
ort und Arbeitsstätte und die verbreitete Nutzung des
Automobils haben das Fahrrad in den Bereich des
Sports und der Freizeit verdrängt. Die Radfahrer be-

herrschen die Straßen nur sonntags; ein paar junge Leute träumen noch von einer Karriere als Radrennfahrer, aber französische Toursieger sind inzwischen eine Seltenheit. Der Radrennsport, der schon Toulouse-Lautrec faszinierte – das war Ende des 19. Jahrhunderts, als Tristan Bernard sportlicher Direktor des Buffalo-Velodroms war – (man denke etwa an seine Zeichnung *Zimmermann und seine Maschine*), dieser Sport, der vor dem Krieg unglaublich populär war (in Claude Autant-Laras Film *Fric-frac* von 1939 treffen Arletty, Michel Simon und Fernandel einander im Vel' d'Hiv) und auch unmittelbar nach dem Krieg kaum etwas von seiner Beliebtheit eingebüßt hatte (man denke vor allem an die Sechstagerennen), ist heute kein angesagtes Spektakel mehr, obwohl die Gesellschaft doch weiterhin so versessen ist auf Spektakel. Die »kleine Königin« ist längst nicht mehr, was sie einmal war. Paris-Roubaix und die »Hölle des Nordens« haben mit dem Niedergang der Industrie in Nordfrankreich ihre Aura verloren. Bordeaux–Paris gibt es seit 1988 nicht mehr. Die regionalen Rundfahrten wie die Tour de l'Ouest sind schon lange tot, während einst selbst die namhaftesten Rennfahrer sich nicht zu schade waren, daran teilzunehmen und dort zu glänzen. Zumindest in Frankreich interessiert man sich kaum noch für große Klassiker wie Lüttich–Bastogne–Lüttich, Mailand–San Remo oder die Lombardei–Rundfahrt. Noch zieht die Tour de France Massen an, doch die übrigen Radrennen im Lande Bobets, Anquetils und Hinaults stehen nicht annähernd mehr in dem Ansehen, das sie vor Jahrzehnten genossen – anders als in den nordeuropäischen Ländern oder in Italien und Spanien, wo sich der alltäglich-funktionale (mit den beruflichen Tätigkeiten verbundene) Gebrauch des Fahrrads stärker erhalten hat als in Frankreich. Weil in Frankreich der Mythos zugrunde geht, gewinnen Franzosen keine Rennen mehr, nicht etwa umgekehrt. Bleibt nur noch die Tour de France, die in der Vorstellungswelt der Franzosen bis in die Achtzigerjahre hinein einen so bedeutenden Platz besetzte, dass selbst Dreißigjährige es heute als Trauma erlebten, wenn sie den sie bedrohenden Gefahren erläge und verschwände – und auch einen Teil der persönlichen Mythologie dieser Menschen mit sich nähme. Da der Mythos auch eine Sache von Worten ist, kann man sicher sein, dass einiges davon entlang der Strecke der Tour von Generation zu Generation weitergegeben wird und, wenn die Tour abgeschafft würde, erst nach und nach aus dem kollektiven Gedächtnis verschwände. Die Tour de France mit ihren Illusionen ist ein »Erinnerungsort« *par excellence.*

Nach dem Krieg war ich groß genug, um allein zum Friseur zu gehen. (»Den Scheitel auf der linken Seite und hinter den Ohren sehr kurz«, wiederholte ich gewissenhaft.) Dort gab ich mich verbotenen Freuden hin: der Lektüre von Sportmagazinen wie *But* oder *Miroir Sprint.* Die der Linken und der Kommunistischen Partei nahestehende Wochenzeitschrift *Miroir Sprint* erschien seit 1949. *But et Club* war 1947 von Gaston Bénac gegründet worden, mit Unterstützung Félix Lévitans, eines Sportjournalisten, der 1951 die Leitung des *Parisien Libéré* übernahm und an der

Organisation der Tour de France mitwirkte. Zur selben Zeit übernahm *But et Club* die Zeitschrift *Le Miroir des Sports*, die man 1944 verboten hatte, weil sie auch während der Besatzung erschienen war. *Le Miroir des Sports* war zunächst der Untertitel des Haupttitels *But et Club*, avancierte aber 1956 zum alleinigen Titel. Das erklärte Ziel dieser Rückkehr zum alten Namen war es, den Einfluss des *Miroir Sprint* zurückzudrängen, doch nach 1968, als es auf dem Gebiet der Bilder sehr schwierig wurde, mit dem Fernsehen zu konkurrieren, verschwanden beide Wochenzeitschriften. Von all diesen historischen und politischen Umständen wusste ich nichts, als ich mir um 1950 beim Friseur die mit zahlreichen Fotos illustrierten Zeitschriften anschaute, auf denen ich die Gesichter der Sechstage-Rennfahrer oder meiner legendären Helden von Robic bis Coppi entdeckte.

In der Bretagne, wo ich die großen Ferien verbrachte, war das Fahrrad ausgesprochen beliebt. Die Fischer fuhren mit dem Rad zu den Häfen der Umgebung. Ihre Frauen radelten jeden Morgen in die Konservenfabriken und abends zurück nach Hause, auch bei Regen und starkem Wind. Das Hin und Her der einen wie der anderen gab dem Tag seine feste Ordnung. Meine Fahrten auf dem blauen Rad, das mein Großvater mir gegeben hatte, waren unregelmäßiger, aber im Juli fand ich mich jeden Nachmittag gegen vier oder fünf Uhr vor dem Bistro auf dem Kirchplatz ein; an dessen Tür hing eine Schiefertafel, auf die der Wirt die Namen der ersten drei der jeweiligen Tagesetappe und der drei Führenden des Gesamtklassements geschrieben hatte. Dort geschah es, dass meine Bewunderung für Coppi und meine Begeisterung, als er 1949 und 1952 die Tour gewann, mich endgültig von jeglichem Chauvinismus befreite. Niemals vermochte ich für einen französischen Champion und namentlich für Bobet (der die Tour dann 1953 gewann) die unendliche Bewunderung zu verspüren, die ich für Coppi empfand.

Ganz unvermeidlich denkt man an die *Ilias* oder die *Odyssee*, wenn man sich an die Tour de France erinnert, und eher noch an die *Ilias*, denn es sind die täglichen Kämpfe der Helden, die unsere Aufmerksamkeit erregen. Ich habe dieses Epos erlebt, ohne daran zu denken, und es fand natürlich Nahrung und ein Vokabular in der Presse, die ich morgens fiebernd verschlang, oder genauer im *Télégramme*, der einzigen Tageszeitung neben *Ouest-France*, die im Dorf meiner Großeltern zu haben war. Ich verachtete die »Windschattenfahrer« und hatte immer Angst, sie könnten – wie es der König der Sprinter van Steenbergen bei einer Weltmeisterschaft gemacht hatte – meinem Favoriten den Sieg stehlen. Ich bewunderte Magni, den Glatzkopf mit der hohen Stirn, König der Abfahrer, aber die Kletterer waren mir lieber. Ich glaubte an die »Friedensrichter« (so nannte man die hohen Alpenpässe), wie man an Gerechtigkeit glaubt. Über die Späße, die Abdelkader Zaaf, die »rote Laterne«, trieb, lachte ich Tränen.

Roland Barthes hat in seinen *Mythen des Alltags* ganz wunderbar die rhetorischen Figuren analysiert, mit denen Presse und Radio in ihren Reportagen die Menschen zu Teilen der Natur werden ließen und die

Natur vermenschlichten und so zu ihrem epischen Charakter beitrugen. Doch seine Analyse ist streng semiologisch und eine Zeitgenossin des Geschehens. Er ist etwa vierzig Jahre alt, als er sich 1955 für die Porträts interessiert, die Presse und Radio von den Helden des Tages zeichnen. Es ist die Zeit der großen französischen Mannschaft mit den Brüdern Bobet, den Brüdern Lazaridès, Germiniani und Antonin Rolland, zwei treuen Soldaten, und auch André Darrigade, dem Windhund aus den Landes, der auf der Zielgeraden nahezu unbezwingbar war. Es ist eine Zeit, die, wenn auch nur wenig später, auf jene Zeit folgte, welche mir so unvergessliche Gefühle beschert hatte, denn Bobet trat seine Herrschaft unmittelbar nach Coppi an. Barthes berücksichtigt also bei seinen Aussagen nicht die zeitliche Dimension und sagt uns nicht (das ist auch nicht seine Absicht), ob er sich an die Frankreichrundfahrten der Vorkriegszeit, die Tours de France seiner Kindheit erinnert. Dennoch können wir uns in dieser zeitlichen Dimension wiederfinden, wenn wir seinen Text heute erneut lesen, denn die Mythologie der Tour ist nicht mehr dieselbe wie die einst von ihm so feinsinnig sezierte. Doch wie ein Geist spukt sie weiterhin durch die Phantasie all jener, die es sich nicht nehmen lassen, die Fahrer der Großen Schleife vorbeifahren zu sehen, und sie mit Händen und Stimme anfeuern.

Um noch ein wenig bei der Tour de France zu bleiben, dem zweifellos bekanntesten Radrennen der Welt: Mir scheint, die Organisatoren der Rundfahrt haben die Chance vertan, die Europa bietet, oder vielmehr zeichnen sie ein kommerzielles Bild davon, das, wie man leider befürchten muss, in manchen Aspekten durchaus der Wirklichkeit entspricht. Es ist in der Tat paradox, dass in einer Zeit, da so viel von Europa die Rede ist, der Radsport nicht mehr als populäre Stütze der regionalen, nationalen und europäischen Geographie fungiert. Der Ersatz der National- oder Regionalmannschaften durch Markenteams (man erinnere sich, in den Fünfzigerjahren war der französische Radsport so reich, dass man für die Tour de France mehrere Regionalmannschaften aufstellen

konnte) besiegelte letztlich den Triumph der Kon-
sumgesellschaft. Die Tour de France ging direkt und
unter Umgehung der europäischen Dimension von
dem Prinzip nationaler Teams zur kommerziellen
Globalisierung über. Die Regional- und Nationalmannschaften verschwanden 1961, auch wenn letztere
1967 und 1968 noch einmal kurz zurückkehrten. Um
der europäischen Dimension der Tour Ausdruck zu
verleihen, verlegte man das Auftaktrennen seit 1947
insgesamt sechzehn Mal in ein Nachbarland Frankreichs. Der erste außerhalb Frankreichs gelegene
Startort war 1954 Amsterdam. Man kam jedoch nie
auf den Gedanken, eine oder mehrere europäische
Mannschaften aufzustellen, die dann gegenüber den
Nationalmannschaften die Rolle der früheren Regionalmannschaften eingenommen hätten und gegen
Mannschaften Nord- und Südamerikas, Asiens oder
Australiens angetreten wären. Es stimmt, dass Ver-
suche zur Schaffung einer Europarundfahrt geschei-
tert sind – als böte der Radsport als populäre Sportart
ein Abbild der politischen Schwierigkeiten. So fand

sich denn der Mythos des Radsports von zwei Seiten
her seiner politischen Dimension beraubt: Das Fahrrad spielt im breiten Volk nicht mehr dieselbe Rolle
wie früher, und der Radsport trägt trotz der bemer-
kenswerten und intelligenten Leistungen des Fernsehens immer weniger zur geographischen, nationalen
und politischen Vorstellungswelt der Menschen bei.
Hat ein Sport ohne Ort überhaupt noch eine Daseins-
berechtigung?

Entdeckung des Selbst

Ein Mythos gewinnt an Stärke, wenn er in der Erfahrung derer, denen er erzählt wird, ein Echo findet. In der Bretagne versuchte in den Fünfzigerjahren jeder Jugendliche, einen Sprint hinzulegen, allerlei Unsinn zu treiben, indem er in der Ebene oder bei Abfahrten den Lenker losließ, oder aus dem Sattel zu steigen, um noch den schlimmsten Anstieg zu schaffen, als wäre sein gewöhnlicher Drahtesel ein flottes Rennrad – im Grunde wie der Postbote in *Tatis Schützenfest*, nur dass sie sich etwas ernster nahmen, ähnlich dem großen Kind, das in *Die Ferien des Monsieur Hulot* mit naiver Selbstgefälligkeit unter dem Balkon der jungen Pariser Urlauberin paradiert. Jacques Tati erteilte 1953 den männlichen Heranwachsenden eine nette und heilsame Lektion in Humor. Derselbe

Humor und dieselbe Zärtlichkeit finden sich sechzehn Jahre später, 1969, in dem von Pierre Barough und Francis Lai stammenden Chanson *À bicyclette*, das von Yves Montand gesungen wurde. Damals erkannten sich mehrere Generationen in diesem Chanson, weil es reale oder geträumte Jugenderinnerungen wachrief:

>»Wenn wir morgens aufbrachen,
>Wenn wir uns auf den Weg machten
>Mit dem Fahrrad ...«

Doch der Humor und die Zärtlichkeit hätten ihren Charme unmöglich so kraftvoll entfalten können, wenn das Radfahren in den Dreißiger-, Vierziger- oder Fünfzigerjahren für diese Jugendlichen nicht eine außergewöhnliche Freiheitserfahrung gewesen wäre.

Der erste Tritt in die Pedale ist der Beginn einer neuen Autonomie, er ist ein schöner Ausreißversuch, die spürbare Freiheit, die Bewegung der Fußspitze, wenn die Maschine auf das Verlangen des Körpers reagiert und ihm gleichsam vorauseilt. Innerhalb weniger Sekunden befreit sich der begrenzte Horizont und die Landschaft gerät in Bewegung. Ich bin anderswo. Ich bin ein anderer; und dennoch bin ich so sehr ich selbst wie sonst niemals; ich bin, was ich entdecke.

Wenn ich an meine ersten Eskapaden als Radler zurückdenke, wird mir klar, dass sie recht brav und bescheiden waren. Und dennoch, an dem Tag, als die Autonomie des Velozipeds mir zuteilwurde, erweiterte sich auf wundersame Weise mein Revier. In der Bretagne eröffneten mir die wenigen solcherart gewonnenen Kilometer Welten: auf der einen Seite das Meer (Strände über die kleinen Landstraßen, der Fischereihafen über die Route nationale), auf der anderen das Land und die Wälder (das Abenteuer des Pilzesammelns ab Ende August). Dieser Kampf mit dem Raum war eine unvergleichliche und erhebende Übung in Einsamkeit. Der Kampf mit mir selbst war eine intime Erfahrung, ich lernte meine Möglichkeiten und meine Grenzen kennen: Mogeln ist beim

Fahrradfahren nicht möglich. Jede Anmaßung wird unverzüglich bestraft. Meine Kettenschaltung besaß nur drei Gänge, aber ich musste lernen, alle drei einzusetzen, um nicht an der langen Steigung hängenzubleiben, die man entschlossen angehen musste, wenn man die Schande vermeiden wollte, bei der Rückkehr ins Dorf das Fahrrad neben sich her zu schieben. Ich lernte zu lernen und mich zu beherrschen, und als es mir am Ende der Ferien gelang, mich im dritten Gang und ohne aus dem Sattel zu steigen bis zum Kirchplatz hochzuarbeiten, wusste ich, dass ich stärker geworden war.

Radfahren verlernt man bekanntlich ebenso wenig wie Schwimmen. Aber mehr noch: Die wachsende Selbsterkenntnis beim Erlernen des Radfahrens hinterlässt unvergessliche und dennoch unbewusste Spuren. Dieses Paradoxon ist eine Besonderheit dieses Lernprozesses: das Paradoxon der Zeit und der Ewigkeit, wenn man so will. Die jungen Leute, die sich aufs Fahrrad schwingen, machen eine selbstbewusste Erfahrung, weil sie, wie man so sagt, in den besten

Jahren sind. Mehr oder weniger kräftig, mehr oder weniger flink, mehr oder weniger begabt, aber alle voller Kraft, nehmen sie Maß an den Umrissen des Raumes, indem sie sich darauf projizieren. Sie wissen, dass sie in manchen Augenblicken mehr Biss haben als in anderen. Sie haben das Gefühl, einiges bewegen zu können, oder, wie es im französischen Volksmund heißt, *d'en avoir sous la pédale* – »einiges unter der Pedale zu haben«. Dieses Gefühl schwindet mit der Zeit und weicht nach einigen Stunden dem Gefühl der Ermüdung. Auch mit zunehmendem Alter stellt es sich seltener ein, vor allem, wenn es einem an Training fehlt. In diesem Sinne heißt Radfahren lernen, mit der Zeit umzugehen, sowohl mit der kurzen Zeit des Tages oder der Etappe als auch mit der langen Zeit der sich ansammelnden Jahre. Und dennoch (darin liegt das Paradoxon) bietet das Fahrrad auch eine Erfahrung der Ewigkeit. Ein wenig so wie jemand, der sich an den Strand legt und die Augen schließt, zuweilen das Gefühl hat, seine Kindheit oder genauer noch zeitlose, dem zersetzenden Einfluss der Zeit entzogene Empfindungen wiederzufinden, so findet jemand, der nach Jahren und zunächst ein wenig ängstlich wieder einmal aufs Fahrrad steigt, sein »Gefühl« wieder, wie Sportler das Bewusstsein ihres Körpers und seiner Fähigkeiten nennen, wenn sie das Training wieder aufnehmen. Aber vor allem entdeckt er damit eine ganze Reihe von Empfindungen wieder – die Begeisterung bei der Abfahrt im Freilauf, das Geräusch des Asphalts unter den Reifen, die Luft, die das Gesicht streichelt, das langsame Vorbeiziehen der Landschaft –, die nur auf diesen Augenblick gewartet zu haben scheinen, um zurückzukehren.

Entdeckung der anderen

Unter dem Vorwand, sich in Form zu halten, schwingen sich viele ältere Leute aufs Rad, nicht täglich und nicht allein, sondern sonntags in der Gruppe, und einige von ihnen streifen dieselben Trikots über wie die heutigen Radprofis, als hätten sie Spaß oder Interesse daran, die Vorzüge einer europäischen Bank, einer Kreditagentur oder einer Telefongesellschaft herauszustreichen. In Wirklichkeit ist das nur ein Spiel, denn eigentlich möchten sie damit die Freuden ihrer Kindheit und jugendliche Gemeinschaftsgefühle wiedererwecken. Sie geben einander Spitznamen und machen sich übereinander lustig. Sie vergleichen sich im Spaß mit aktuellen Radchampions und machen sich so zu jüngeren Brüdern dieser jungen Leute, durch eine symbolische List, deren Künstlichkeit ihnen bei jedem Beschleunigungsversuch nur allzu bewusst wird. Sie geben sich wissentlich der Illusion hin, sie könnten jung bleiben, und tatsächlich gelingt ihnen das dadurch auch ein wenig. So ist das Rad in der französischen Provinz nun ein Bestandteil des sozialen Lebens im dritten Lebensabschnitt. Diese Kameraderie der alten Zeiten zwischen Rentnern hat etwas Liebenswertes und Heroisches, denn sie stemmt sich gegen das Altern und den Tod. Außerdem bietet sie Gelegenheit zu aktiver Solidarität und zu Kontakten zwischen den Generationen, denn zu den Radlergruppen beiderlei Geschlechts gehören stets auch einige, die jünger sind als die Übrigen und die Rolle zurückhaltender Mentoren übernehmen, indem sie sich bemühen, die Gefährten ihre physische Überlegenheit nicht allzu deutlich spüren zu lassen.

Die Freuden der Einsamkeit sind also nicht bar jeder Geselligkeit, und darin scheint mir einer der nachhaltigen Vorzüge des Radfahrens zu liegen. Schon in der Legende der Großen des Radsports bewegten uns die wenigen Solidaritätsgesten zwischen den

Heroen, die nichts mit Mannschaftsdisziplin zu tun hatten (Coppi und Bartali liehen sich auf einer fürchterlichen Pyrenäenetappe gegenseitig die Wasserflaschen, und Coppi überließ Bartali einmal großzügig den Etappensieg, weil der an diesem Tag seinen fünfunddreißigsten Geburtstag feierte). Unter Radfahrern selbst bescheidensten Niveaus gibt es das Bewusstsein einer gewissen Solidarität, ein Gefühl der Probe und des geteilten Augenblicks, eines gewissen Etwas, das sie von allen anderen unterscheidet und nur ihnen gehört. Zum Beleg sei hier nur die Freundlichkeit angeführt, mit der heute in Paris Radfahrer, die bereits das öffentliche Verleihsystem Vélib' nutzen, ängstlichen Neulingen begegnen, die vorhaben, dem System beizutreten. An den Ausleihstationen, an denen man herauszufinden versucht, wie man die Mitgliedschaft erwirbt, helfen die Erfahreneren den Anfängern gerne mit Ratschlägen und Erklärungen. Die Altershierarchie wird hier aufgehoben oder sogar umgekehrt. Da die Jüngeren diese Gelegenheit meist als Erste nutzen, haben sie das Gefühl, eine gewisse Kompetenz zu besitzen, sowohl hinsichtlich der Bedienung der Automaten, die den Zugang zum elektronischen Ausleihsystem eröffnen, als auch im Umgang mit den Rädern – einfachen, aber etwas schweren Maschinen, deren Auswahl, Ausleihe, Abstellen oder Rückgabe man erst erlernen muss. Sie sind gerne bereit, die Neulinge an ihrem Wissen teilhaben zu lassen – ein vollkommen neues Phänomen in einer Stadt, in der man es eher vermeidet, Kontakt zu Unbekannten zu knüpfen.

Als Verdienst ist dem Fahrrad außerdem die Wiederherstellung der Individualität des Radlers anzurechnen, aber auch die Neuerfindung liebenswürdiger, loser sozialer Bande, die zwar flüchtig sein mögen, aber stets von einer gewissen Lebensfreude geprägt sind. Es besteht übrigens ganz sicher ein Zusammenhang zwischen der Wiederentdeckung eines gewissen Bei-sich-Seins und der Wiederentdeckung der Gegenwart der anderen. Weil das Radfahren – selbst als sporadische Tätigkeit – die Gelegenheit bietet, so etwas wie Identität zu empfinden (eine gewisse

Dauer der Zeit), erlaubt es auch, anderen Aufmerksamkeit zu schenken (eine Art von Erwartung, eine
Öffnung hin zur Zukunft). Man beobachte nur einmal auf der Straße Menschen, die sich erst kürzlich
zum Fahrrad bekehrt haben. Sie diskutieren miteinander (über den Weg, die Landschaft, die Zeit)
oder fahren gemeinsam still vor sich hin, aber nie (fast
nie) benutzen sie ihr Handy. Der Anblick, den sie
bieten, ist das genaue Gegenteil der üblichen Szene,
die wir täglich auf der Terrasse jedes beliebigen Cafés
beobachten können. Dort sieht man zwei Menschen
am selben Tisch sitzen, aber beide an ihren Handys in
Gespräche mit jeweils unsichtbaren Gesprächspart-
nern vertieft. Straßen, Cafés, U-Bahnen und Busse
sind heute voll von Phantomen, die sich unablässig in
das Leben von Leuten einmischen, denen sie wie Ge-
spenster nachgehen. Sie halten sie auf Distanz und
hindern sie, sich die Landschaft anzusehen oder sich
für ihre Nachbarn aus Fleisch und Blut zu interessie-
ren. Aber bisher haben diese Phantome noch nicht
gelernt, Fahrrad zu fahren. Die Radfahrer haben sich

für die direkte Beziehung entschieden und enthalten sich erst einmal des Zugriffs auf die Medien. Hoffentlich hält sich das eine Weile – möchte man rufen. Hoffentlich wird das Fahrrad zum diskreten und wirkungsvollen Instrument einer Rückeroberung der Beziehung und des Austauschs von Worten und eines Lächelns.

Krise

Das Fahrrad ist also mythisch, episch und utopisch. Man kann sich mit ihm nur befassen, wenn man der Gegenwart eine stetige Aufmerksamkeit schenkt, und sei es nur wegen der Wechselfälle des Verkehrs, aber es ist Gegenstand von Erzählungen, die die persönliche Geschichte eines jeden und zugleich von vielen geteilte Mythen wiederauferstehen lassen. Diese beiden Vergangenheiten hängen eng miteinander zusammen und verleihen noch den bescheidensten individuellen Erinnerungen einen epischen Ton. Wie stets nährt das klare Bewusstsein der Vergangenheit Zukunftsphantasien. So wird das Fahrrad zum Symbol einer ökologischen Zukunft für die Stadt von morgen und einer urbanen Utopie, die die Gesellschaft mit sich selbst versöhnen soll. Doch Mythos, Epos und

Utopie fordern ein wenig Glauben. Die Probe der realen Geschichte ist eine harte Prüfung, die sie unablässig der Gefahr der Nostalgie aussetzt, jener tristen Zuflucht der vom Leben Enttäuschten. Droht das Fahrrad   Symbol einer verschwundenen Arbeiterklasse, sportlicher Wettkämpfe, die heute vergeblich ihresgleichen suchen, und eines erträumten städtischen Lebens – in der konkreten Realität der globalisierten Welt nicht zum wahnhaften Instrument der Verweigerung, zum Alibi eines allein den Imperativen des Konsums unterworfenen sozialen Lebens, kurz gesagt, zur größten Illusion zu werden?

Der zerstörte Mythos

Liegt der Mythos im Sterben – und mit ihm alle damit verbundenen epischen Formen? Der Radsport hat wie der gesamte Profisport Fortschritte gemacht. Die heutigen Radrennfahrer sind zweifellos bessere Athleten als ihre Vorgänger (wie das auch in anderen Sportarten der Fall ist, etwa beim Rugby oder im Tennis). Aber das Schauspiel, das sie bieten, erreicht nicht das Niveau des früheren Spektakels. Coppi vermochte auf zwei Alpenetappen eine Viertelstunde aufzuholen. Heute kann ein aus guten Fahrern bestehendes Team das ganze Rennen blockieren, jeden Ausreißversuch vereiteln und allen Flachlandetappen nahezu denselben Verlauf aufzwingen, der sich auf ein paar Ausreißversuche beschränkt, von denen einer vielleicht vorübergehend Erfolg hat, bevor das Hauptfeld die

Ausreißer wieder einholt und ein Massensprint das Rennen beschließt, aus dem die schnellsten Sprinter als Sieger hervorgehen. Die Berge spielen in der Tour immer noch eine entscheidende Rolle, aber die Zeit der großen Einzelgänger ist vorbei. In den Bergen gilt heute das Prinzip des Eliminierens und der Abnutzung; dem »Opfer« der dafür bezahlten Mannschaftsfahrer kommt dabei entscheidende Bedeutung zu, und nur selten glänzt derselbe Fahrer bei zwei aufeinanderfolgenden Bergetappen. Der Mythos lebte einst von einer Dramaturgie, deren zwei Triebkräfte die überwältigende Inspiration oder das tragische Scheitern der Helden waren. Wie in der *Ilias* übten die verletzlichsten Helden, die mit einer Achillesferse, die größte Faszination aus: Fausto Coppi und Charly Gaul stärker als Bobet oder Anquetil. Wie Barthes gezeigt hat, lagen in der öffentlichen Darstellung der Zustand der Gunst und der der Ungnade eng beieinander. Hören wir, wie er vom *jump* eines Gaul spricht, des Erzengels außergewöhnlicher Leistungen: Während die *Form* einen natürlichen, gleichermaßen physischen, moralischen und intellektuellen Zustand darstellt, ist der *jump* »ein veritabler elektrischer Stromstoß, der manche Götterlieblinge unter den Fahrern durchzuckt und sie übermenschliche Taten vollbringen läßt«. Charly Gaul »empfängt seine elektrische Energie aus einem gelegentlichen Verkehr mit den Göttern; manchmal ist er besessen von ihnen, dann leistet er Erstaunliches; manchmal verlassen sie ihn, dann erlahmt der *jump*, und Charly gelingt nichts mehr richtig«.

Heute spricht man nicht mehr vom *jump*. Und das aus gutem Grund: Er ist allzu suspekt geworden, ebenso wie die Ausfälle, die ihm folgen können. Die Doping-Enthüllungen haben die Helden getötet. Sie machen es unmöglich, daran zu glauben. Sie töten den Mythos. Das sah Barthes schon 1957 sehr genau: »Es gibt eine abstoßende Parodie des *jump*: das Doping. Den Rennfahrer aufputschen ist ebenso verbrecherisch, ebenso ruchlos wie der Versuch, Gott nachzuahmen; Doping heißt, Gott das Privileg des Funkens zu stehlen.« Doch heute gibt es nichts mehr, das man den Göttern stehlen könnte, und niemand würde mehr wagen, vom *jump* der letzten Sieger der Tour de France zu reden. Das Doping zielt auch weniger darauf ab, überraschende Meisterleistungen zu ermöglichen, die nur allzu rasch in Verdacht gerieten, als vielmehr die Form zu halten, allerdings eine außergewöhnliche Form, die es erlaubt, jeden Tag erstaunliche, wenn auch nicht unbedingt spektakuläre Leistungen zu vollbringen. Der Verdacht besteht inzwischen ganz generell, und so gibt es keine mythischen Helden mehr. Freundlich könnte man sagen, die Tour de France sei inzwischen ein profanes Spektakel, aber zugleich auch ein medizinisches. Und genau das berührt den Mythos. Es ist in der Tat nicht ausgeschlossen, dass die jungen Amateurrennfahrer aus den zerstörten Industrieregionen im Radsport vor allem eine Möglichkeit erblicken, sich ökonomisch hochzuarbeiten – das gilt von jeher für alle großen Volkssportarten –, aber zugleich ohne größeren Unwillen einräumen, dass Doping heute unverzichtbar sei (und genau dort drückt der Schuh).

Schon in den Vierziger- und Fünfzigerjahren sprach man von Doping. Mehrere Fahrer fielen dem Doping zum Opfer, und auch Coppi erklärte gegenüber Journalisten, dass viel Heuchelei im Spiel sei, wenn das bestritten würde. Der Einsatz von Amphetaminen war weit verbreitet. Damals griff man übrigens in allen Bereichen, auch unter Intellektuellen und Studenten, zu Dopingmitteln jeglicher Art wie Maxiton, Corydran oder Actiphos-Amphetaminen, die man sich einfach vom Hausarzt verschreiben lassen konnte. Aber das Doping ist heute von anderer Art, und das ist der Grund, weshalb es mit voller Wucht das mit der Idee des Champions assoziierte Bild des heroischen und glorreichen Körpers trifft. Substanzen schlucken, rauchen oder injizieren oder das Blut austauschen, wie man ein Hemd wechselt – all das hat in der Vorstellungswelt des Publikums keine Gegenüber mehr. Das heutige Doping, wie der Laie es sich vorstellt, ist keine bloße Erweiterung der natürlichen Fähigkeiten des Körpers mehr, sondern ein echter Ersatz von Substanz, der verschämt und heimlich hinter den Kulissen erfolgt. Im Widerspruch zu der Vorstellung, die man sich vom Helden machte und an der man auch gern festhielte, steht hier also das Bild einer Manipulation, die ihn zu einem bloß passiven Wesen, einem Objekt macht, aber auch das Bild eines Eingriffs in seine Intimsphäre, entweder im Augenblick des Dopings oder bei der Dopingkontrolle, bei der er eine Blutprobe oder Urin abgeben muss. Dieser Eingriff berührt sogar seine Identität – als beruhte jede schmeichelhafte Erfolgsbilanz heute unausweichlich auf einem Irrtum über die betreffende Person. Diese Pervertierung des sportlichen Helden war eigentlich schon am Werk, als die Markenteams aufkamen, die den Rennfahrer in einen Sandwich-Man, einen bloßen Werbeträger, verwandelten. In seiner systematischen Form besiegelt das Doping die Verwandlung der Fahrer in passive Instrumente kommerzieller Strategien. Die Firmen, in deren Dienst sie stehen, entlassen sie natürlich, sobald ihre »Unehrenhaftigkeit« ans Licht kommt, und suchen sich andere Werbeträger, aber damit bestätigen sie nur, dass es schwieriger ist,

Mythen mit Marken zu produzieren als mit Nationen oder Provinzen. Sobald ein Rennfahrer nicht mehr für sein Land fährt, konzentriert sich die patriotische und gerne auch chauvinistische Unterstützung des Publikums nur umso stärker auf den Einzelnen, obwohl der doch gerade durch die Marketingtechniken und die Eingriffe der »Sportmedizin« entpersonalisiert wird. Das ist das Ende des Mythos und der Tod des Epos.

Ende des Mythos, aber es bleiben ein paar Erinnerungen (etwa die Bilder der Volksfront und des ersten bezahlten Urlaubs, den manche nutzten, um sich mit dem Rad oder dem Tandem auf die Straßen Frankreichs zu begeben). Tod des Epos, das endgültig in die Vergangenheit gestoßen wurde, aber es bleibt das Verlangen nach Mythos und Epos, stets bereit, beim kleinsten Ausreißversuch der zierlichen, von den Fernsehkameras verfolgten Gestalt in den Bergen wiederaufzuerstehen. Das Bild, ein Augenblick, lässt die Legende wieder erwachen. Die Liveübertragung im Fernsehen wechselt zwischen extremen Nahaufnahmen, die jede Regung im Gesicht des Fahrers sichtbar machen, und Panoramaaufnahmen, die dem Zuschauer die unermessliche Weite grandioser Landschaften vor Augen führen, und inszeniert damit weiterhin unbeirrbar den Augenblick, von dem Barthes sprach. Dieser Augenblick ist jener brüchige Moment der Geschichte, »in welchem der Mensch – wenn auch täppisch, hinters Licht geführt – dennoch auf seine Weise hinter unreinen Fabeln eine vollkommene Übereinstimmung zwischen sich, seiner Gemeinschaft und dem Universum erahnt«. Mythos und Epos werden vielleicht immer noch aus dem Verlangen gespeist, das sie wecken und doch immer wieder enttäuschen.

Urbanisierung der Welt:
auf der Suche nach der verlorenen Stadt

Und die Utopie? Ist die Transformation der Stadt ein vorstellbarer Traum, und kann das Fahrrad in dieser Revolution eine Rolle spielen? Denn es bedürfte tatsächlich einer Revolution im buchstäblichen Sinne, um die Stadt zu transformieren. Was ist die Stadt heute?

Die Urbanisierung der Welt ist gekennzeichnet durch das Wachstum der Megastädte und zugleich durch die Erweiterung der »urbanen Filamente« entlang der Straßen, Flüsse und Küsten – um hier einen Ausdruck von Hervé Le Bras aufzugreifen. Sie ist Ausdruck der Tatsache, dass das politische und wirtschaftliche Leben des Planeten von Entscheidungszentren abhängt, die sich in den großen Metropolen der Erde befinden, sämtlich miteinander vernetzt sind und gemeinsam eine Art »virtuelle Metastadt« bilden, wie Paul Virilio behauptet.* Die Welt ist zu einer städtischen Welt geworden, in der alle Arten von Produkten zirkulieren und ausgetauscht werden, darunter auch Nachrichten, Bilder, Künstler und Moden. Aber es stimmt auch, dass jede große Stadt eine Welt ist, eine Zusammenfassung der Welt mit ihrer ethnischen, kulturellen, sozialen und ökonomischen Vielfalt. Die Abgrenzungen, deren Existenz wir angesichts des faszinierenden Schauspiels der Globalisierung gerne übersehen, finden sich in den Rissen des urbanen Gewebes wieder. Die Weltstadt straft allein durch ihre Existenz die Illusionen der Welt als Stadt Lügen. Die Bauwerke in den Geschäftsvierteln, die in der ganzen Welt bekannt sind, weil sie von den größten Architekten stammen, stehen mit der ganzen Welt in Verbindung, sind aber unzugänglich für alle, die nicht dort arbeiten. An der Schnittstelle zwischen der Welt

---

* *Information und Apokalypse*, München 2000.

als Stadt und der Weltstadt kann man den Eindruck haben, dass die Stadt als solche verschwände. Gewiss, das Städtische breitet sich allenthalben aus, aber die Veränderungen in der Arbeitsorganisation und in den Technologien, die durch Fernsehen und Internet jedem Einzelnen das Bild eines immer stärker werdenden und allgegenwärtigen Zentrums auferlegt, nehmen Gegensätzen wie dem zwischen Stadt und Land oder zwischen »städtisch« und »nichtstädtisch« jegliche Stichhaltigkeit.

Der Gegensatz zwischen der Welt als Stadt und der Weltstadt ist gleichsam die sichtbare räumliche Übersetzung der Globalisierung im Sinne der Gesamtheit der weltweiten Verkehrsmittel, Kommunikationsnetze und Warenströme. Paul Virilio hat in *Information und Apokalypse* darauf hingewiesen, dass Pentagonstrategen in dieser *globalen* Gesamtheit das Innere einer Welt erblicken, in der das *Lokale* das Äußere geworden ist. Doch diese Umkehrung ist noch allgemeiner, und die Großstadt definiert sich heute durch ihre Fähigkeit, sich dem Äußeren zuzuwenden. Einerseits will sie vor allem ausländische Touristen anlocken. Andererseits wird die Stadtplanung beherrscht von der Notwendigkeit, den Zugang zu den Flughäfen, Bahnhöfen und großen Straßenverkehrsachsen zu erleichtern. Dass es leicht sein muss, in die Stadt hineinzukommen oder sie zu verlassen, ist der oberste Imperativ, als hinge das Gleichgewicht der Stadt von deren äußeren Gegengewichten ab. Die Stadt wird dezentriert, wie auch Wohnen und Arbeit durch Fernsehen und Computer eine Dezentrierung erfahren und wie die Individuen eine Dezentrierung erfahren werden, wenn die Handys zugleich Computer und Fernseher sein werden. Das Städtische breitet sich allenthalben aus, aber wir haben die Stadt aus den Augen verloren und wir verlieren uns selbst aus den Augen. Vielleicht kann das Fahrrad tatsächlich eine bestimmende Rolle spielen, wenn es darum geht, den Menschen zu helfen, sich ihrer selbst und der Orte, an denen sie leben, wieder bewusst zu werden, indem es zumindest für die Radler die Bewegung umkehrt, die die Städte aus sich selbst hinauskatapultiert. Wir brauchen das Fahrrad, um uns wieder auf uns selbst und auf die Orte, an denen wir leben, zu zentrieren.

Bei der Rückkehr zum Fahrrad geht es also um einiges. Es geht darum, ob wir der Stadt angesichts eines galoppierenden Städtebaus, der droht, die alte Stadt auf eine leere Hülle zu reduzieren und sie in eine bloße Kulisse für Touristen oder in ein Freilichtmuseum zu verwandeln, noch etwas von ihrer symbolischen Dimension und ihrer ursprünglichen Berufung zurückgeben können, die darin bestand, unvorhergesehene Begegnungen zu fördern. Es geht ganz einfach darum, dem Zufall wieder zu seinem Recht zu verhelfen, die physischen, sozialen und mentalen Barrieren einzureißen, die die Stadt lähmen, und dem schönen Wort »Mobilität« wieder einen Sinn zu verleihen.

Ein Ende der Krise?

In dieser Hinsicht könnte das Fahrradverleihsystem Vélib' ein Erfolg sein. Erstens trägt es seinen Namen zu Recht, denn wenn überall in Paris Stationen eingerichtet werden, an denen man Räder ausleihen oder zurückgeben kann, bringt das den Nutzern tatsächlich eine gewisse Freiheit. Mit ein wenig Phantasie könnte man sogar versucht sein, auf dieser Grundlage von einer Stadt zu träumen, in der jedermann jedes beliebige auf der Straße stehende Fahrrad nehmen, es überall wieder abstellen und später bei Bedarf ein anderes Rad nehmen könnte – also gleichsam von einem urbanen Kommunismus für Ritter und Ritterinnen des Fahrrads, die einer gemeinsamen Ethik und einmütig akzeptierten Anstandsregeln folgten. Im August 2007 konnte man in den Straßen von Paris eine Uto-

pie Gestalt annehmen sehen. Außerdem hat der An-
sturm auf die Mieträder den Nutzern offenbar ermöglicht, sich den städtischen Raum wieder anzueignen.
Die Pariser Flaneure – diese Spezies, deren Aussterben
man beobachten zu können glaubte – erscheinen wieder auf der Bildfläche, nun allerdings auf dem Fahrrad. Die neuen Flaneure, die Nase im Wind, machten
offenbar zwei Entdeckungen. Sie stellten verwundert
fest, dass die Stadt dazu da ist, angeschaut zu werden,
gesehen zu werden (und zwar ganz direkt, ohne dass
ein Fotoapparat oder eine Filmkamera dazwischen-
geschaltet würde); dass sie bis in die unscheinbarsten
Straßen hinein schön ist; und dass es leicht ist, darin
umherzufahren. Wer es erstmals wagt, in der Stadt
das Fahrrad zu benutzen, dem bietet es eine ganz neue
Erfahrung, denn es eröffnet die Möglichkeit, Entfer-
nungen neu einzuschätzen und Verbindungen her-
zustellen, die sich mit den anderen Verkehrsmitteln
nicht erschließen lassen, weil diese an feste Wege
gebunden sind. Mit dem Fahrrad gibt es mehr Ab-
wechslung und mehr Übereinstimmungen. Man glei-

tet unbemerkt in eine andere, buchstäblich höchst *poetische* Geographie, denn sie sorgt für den direkten Kontakt zwischen Orten, die man bislang nur gesondert besuchte, und erscheint so als Quelle räumlicher Metaphern, unerwarteter Annäherungen und Kurzschlüsse, die immer wieder mit der Kraft der Waden die neuerwachte Neugier der neuen Spaziergänger erregen. Man tritt ein paar Mal in die Pedale, und schon ist man vom Montparnasse aus am Eiffelturm, überquert die Seine, verweilt vielleicht einen Augenblick auf einer Brücke, um einen langen Blick auf die Île de la Cité oder das Grün der Tuilerien zu werfen, man wendet sich nach Norden, verliert sich in den Gassen des romantischen Paris, fährt zur Bastille und ins Marais und anschließend zum nahegelegenen Bois de Vincennes oder zurück zum Montparnasse, um die Schleife zu schließen. Das ist die neue Freiheit, die neue Inspirationsfreiheit, die das Fahrrad ermöglicht. Das Radfahren ist ein Schreiben, ein oft freies oder sogar wildes Schreiben – eine Erfahrung automatischen Schreibens, Surrealismus *in actu*, oder im Gegenteil ein eher geplantes, ausgearbeitetes und systematisches, fast schon experimentelles Meditieren auf dem Weg über die zuvor nach dem verfeinerten Geschmack der Gebildeten ausgewählten Orte.

Dennoch sind die beiden Gefahren, die dem in Paris begonnenen Experiment drohen, nicht zu übersehen. Die erste Gefahr liegt darin, dass die Sache bald schon als Sommerattraktion für junge Leute und Touristen erscheint, als Möglichkeit, die Hauptstadt denen, die sie besuchen möchten, zu verkaufen. Die zweite Gefahr liegt darin, dass dieser Versuch die Form einer Konfrontation zwischen Autofahrern und Radlern annimmt, genährt von der Ignoranz beider Seiten, dem Fehlen einer urbanen Kultur, mangelnder Urbanität, erkennbar an der Verachtung hartgesottener Autofahrer für die Radfahrer, aber auch an der etwas fröhlicheren Unbekümmertheit mancher Radler, die entschlossen die Verkehrsregeln missachten. Schon ruft man, wie das in Frankreich seit ein paar Jahren in Mode gekommen ist, nach der Polizei und nach Strafen, wodurch allerdings die Hoffnung auf eine Verbindung zwischen Urbanität, Lächeln, Ordnung und Zwanglosigkeit im Keim erstickt wird. Die beiden Gefahren verhalten sich offenkundig komplementär zueinander, und es ist klar, dass Vélib' nur dann ein unbestreitbarer und voller Erfolg sein wird, wenn Menschen aller Altersgruppen es als selbstverständlich empfinden, sich an der nächstgelegenen Ausleihstation ein Rad zu holen und damit zur Arbeit oder zum Einkaufen zu fahren. Das setzt voraus, dass niemand mehr Angst vor dem Autoverkehr und vor Unfällen hätte, dass zahlreiche Vorkehrungen getroffen würden, dass es überall echte Fahrradwege gäbe und das Schicksal des Radfahrers nicht mehr von den Fähigkeiten, dem guten Willen und der Geduld der Bus- und Taxifahrer abhinge. So anerkannt die Geschicklichkeit der Fahrer der Pariser Verkehrsbetriebe auch sein mag, kann man es keinem etwas unerfahrenen oder älteren Radfahrer verdenken (also gerade jenen, deren Umstieg aufs Fahrrad als Kriterium für den Erfolg des Projekts gelten muss), wenn er nervös wird bei dem Gedanken an einen Bus, der ihn auf einer relativ engen Fahrspur überholt.

Die Sécurité routière, die Stadt Paris und Vereinigungen wie MDB (Mieux se déplacer à bicyclette – Besser mit dem Rad fahren) haben Zahlen veröffentlicht. Danach kamen in Paris im Jahr 2000 zwei und 2001 fünf Radfahrer bei Verkehrsunfällen ums Leben, 2000 wurden 17 Radfahrer schwer verletzt. Die Zahlen sind noch eindrucksvoller, wenn man den Großraum Paris berücksichtigt. Dort kamen im Jahr 2000 insgesamt 28 Radfahrer ums Leben, und 83 wurden schwer verletzt. In Paris ist die Zahl der Radfahrer seit 2001 gestiegen (um 48 Prozent), ohne dass auch die Zahl der Getöteten entsprechend gestiegen wäre: 2005 zählte man 3 getötete und 32 schwerverletzte Radfahrer. Dennoch bleibt die Sicherheit ein Problem, da die Zahl der Verkehrsunfälle mit Beteiligung von Radfahrern von 2004 bis 2005 um 8 Prozent gestiegen ist. Im ersten Halbjahr 2007 verzeichnete man drei tödlich verunglückte Radfahrer und eine deutliche Steigerung der Zahl der Schwerverletzten. Im

Oktober wurde ein Nutzer des Ausleihsystems Vélib' bei einem Verkehrsunfall getötet. Ein britischer Comedian hat darauf hingewiesen, dass in London das Fahrrad mehr Todesopfer fordert als der Terrorismus, insbesondere nahm er jene sportlichen Radler aufs Korn, die in ihren Lycratrikots durch die Straßen und zum Leidwesen der verängstigten und an die Seite gedrängten Fußgänger auch über die Bürgersteige rasen.

Andererseits gab es 2005 in Paris bereits Radwege mit einer Gesamtlänge von 327 Kilometern (von denen 34 im Jahr 2005 neu geschaffen worden sind), aber sie befinden sich vor allem in den Randvierteln und Grünzonen. Die Tatsache, dass Vélib' am Stadtrand haltmacht, also *intra muros* bleibt, ist in diesem Zusammenhang aufschlussreich. Die Stadtverwaltung hat das inzwischen erkannt und Verhandlungen mit den Stadtverwaltungen der Umgebung aufgenommen. Die Frage, welche Rolle das Fahrrad in Paris spielen soll (als Freizeitvergnügen oder für den alltäglichen Gebrauch), ist weiterhin offen. Wir können also noch nicht sagen, ob das Fahrrad eine Antwort

auf die Herausforderungen der neuen urbanen Organisation ist. Eine Fahrradrevolution hat bislang jeden-
falls nicht stattgefunden.

Andere Beispiele, die man weltweit beobachten
und studieren kann, zeigen indessen, dass die Vorstellung einer vom Fahrrad regierten Stadt keine bloße
Phantasie ist. Abgesehen von den Städten in Nord-
europa und einigen französischen Städten wie La
Rochelle denke ich da an diverse italienische Städte
mittlerer Größe wie Modena, Bologna oder Parma,
deren Lebensqualität jedem ausländischen Besucher
ins Auge springt, insbesondere wegen des Schauspiels,
das die dort vollkommen entspannt kreuz und quer
umherfahrenden Radler bieten. Paris ist nicht Modena, aber auch nicht Los Angeles, das ganz nach den
Bedürfnissen des Autoverkehrs gestaltet ist. Für die
Verantwortlichen in Paris wäre es sicher weniger un-
realistisch, sich Modena zum Vorbild zu nehmen als
Los Angeles.

Die Herausforderung liegt in der Schwierigkeit,
die Ansprüche der planetaren Megastadt (die Dezen-

trierung und Außenorientierung eines weltoffenen Gebildes, das täglich Menschen, Produkte, Bilder und Botschaften ein- und ausführt) mit denen der Stadt als Ort des Lebens zu versöhnen, einem inneren Milieu mit zahlreichen eigenen Orientierungspunkten und Alltagsrhythmen.

Auch wenn unsere Bilder-, Kommunikations- und Konsumwelt immer mehr dahin tendiert, das Nachdenken über die Zukunft zu ersticken und unter den Evidenzen der Gegenwart zu erdrücken, sind heute dennoch möglicherweise die Voraussetzungen gegeben, um eine urbane Utopie zu entwickeln, die Wirkung entfaltet, also die Bewohner der Stadt zu überzeugen vermag. Das Paradoxe an dieser Utopie ist, dass wir ihren Ort durchaus kennen, auch wenn es uns schwerfällt, ihre Grenzen und Ränder zu definieren (also zu bestimmen, wo die Stadt unserer Zeit beginnt oder endet). Dass der Gebrauch des Fahrrads die Gelegenheit bietet, diese Grenzen und Ränder neu zu zeichnen, bislang unbekannte Strecken zu erfinden und die reale Stadt – die der alltäglichen Nutzungsformen, Austauschprozesse und Begegnungen – neu zu konfigurieren, darin liegt die neue und überraschende Möglichkeit, die sich vorsichtig abzeichnet und uns die seltene Chance eröffnet, ohne Angst und Unbehagen Zukunftsvorstellungen zu entwickeln. Diese Chance ist keineswegs unbedeutend oder gar lächerlich und rechtfertigt es vollkommen, ihre Verwirklichung zur Feier ihrer Ankunft für die allernächste Zukunft zu planen, in der Hoffnung, Zukunftsvorstellungen könnten hier einmal die aktuelle Geschichte befruchten, die Gesellschaft in Bewegung versetzen, die Lebenslinien verschieben und die Ängste oder den Unmut der weniger Phantasievollen ausräumen.

Utopie

Vélo liberté – Fahrradfreiheit

Lassen wir also unserer Phantasie freien Lauf. Stellen wir uns vor, wie eine Stadt, eine Großstadt, der Großraum Paris zum Beispiel, in dreißig Jahren aussehen könnte. Das Verkehrsproblem ist ein für alle Mal gelöst. Straßenbahnen, Buslinien und U-Bahn reichen nun allenthalben bis an die Grenzen des alten Pariser Großraums. Die öffentlichen Verkehrsmittel halten sich nicht länger an den überkommenen Pariser Grundriss *intra muros*. In diesem riesigen Gebilde eröffnen die täglich zunehmenden Verbindungen die Möglichkeit, jeden Punkt möglichst direkt mit jedem anderen zu verbinden. Der Lieferverkehr wird zwischen fünf und neun Uhr morgens abgewickelt. Natürlich haben Fahrzeuge der Krankentransportdienste, der Ärzte, der Feuerwehr oder der Polizei eine Sonderstellung. Ansonsten markieren riesige, von den besten Architekten der Welt entworfene Parkhaustürme an verschiedenen Orten die Grenzen des Großraums Paris und stellen bei Touristen äußerst beliebte Sehenswürdigkeiten dar. Auto- und Motorradfahrer holen dort ihre Fahrzeuge ab, wenn sie Paris verlassen möchten. Einige Unbelehrbare ziehen es vor, ihren Wagen in der Nähe ihrer Wohnung abzustellen, und benutzen dazu den Parkplatz ihres Wohnhauses. Sie erhalten eine Berechtigung, die es ihnen erlaubt, Paris auf einer der vier großen, Autos vorbehaltenen Ausfallstraßen zu verlassen oder nach Hause zurückzukehren. Diese Toleranz erstreckt sich jedoch nicht auf neu zugelassene Fahrzeuge, und so hofft man, dass auch die vier Ausfallstraßen schon bald verschwinden werden. Da der Autoverkehr sonst im gesamten Stadtgebiet verboten ist, hat sich der Verkehrsraum dank des Wegfalls des Parkraums beträchtlich vergrößert. Fahrzeuge mit Sonderstatus, Straßenbahnen, Busse und Taxis können sich daher auf ihren Fahrspuren ungehindert bewegen. Ansonsten gehören die

Straßen den Radfahrern, wie die Bürgersteige den Fußgängern.

An allen großen Bahnhöfen gibt es natürlich Ausleihstationen für Fahrräder, aber auch in der Nähe fast aller U-Bahn-Stationen, Straßenbahn- und Bushaltestellen. Dort finden sich große Fahrradabstellplätze. Die Fahrradausleihe ist vor allem für Touristen interessant (Paris ist immer noch das wichtigste touristische Ziel der Welt), denn viele Pariser sind inzwischen selbst Besitzer ihres bevorzugten Fortbewegungsmittels, das sie oft mit einer kleinen persönlichen Note versehen und auf diese Weise »personalisieren« (wie es einst die Autofahrer, über die Baudrillard sich lustig machte, mit ihrem Auto taten).

Die Personalisierung der Räder ist sehr viel raffinierter und erfinderischer als die der Autos, bei denen sie sich meist auf ein paar kleine Fetischobjekte beschränkte – Plüschtiere, Christophorus-Medaillons oder Talismane unterschiedlichster Art. Seit dem Beginn des 21. Jahrhunderts erfinden viele Radler ihren fahrbaren Untersatz ganz neu und geben ihm zuweilen sogar eine völlig andere Form. Tatsächlich ist das Fahrrad an sich ein kleines Objekt, ein einverleibtes Objekt und kein bewohnter Raum mehr wie das Automobil. Man richtet es nicht ein, man verziert es nicht, man bastelt es sich zusammen. Im Übergangsbereich zwischen Bastelarbeit und Einrichtung befinden sich die Accessoires: die Körbe oder Satteltaschen. Hier wären auch die verschiedenen Beleuchtungssysteme oder Rückstrahler zu nennen, die der Sicherheit dienen. Im Übergangsbereich zwischen Einrichtung und Einverleibung befindet sich die Kleidung, die man beim Radfahren gerne trägt und die gleichfalls der Sicherheit dienen kann (Helme, Westen mit Leuchtstreifen usw.) oder einfach nur bequem ist und aus Gewohnheit getragen wird. Und wie im letzten Jahrhundert wählt man sein Fahrrad, dessen Farbe und Stil selbst aus, und es genügt ein kleines Detail, um es mit einem Blick inmitten der anderen wiederzuerkennen. Das geduldige und treue Rad ist ein weiterer Teil seines Besitzers. Man möchte sich nicht davon trennen, und alles in allem ähnelt das Band, das

uns mit ihm verbindet, ein wenig dem Band, das Aristophanes in Platons *Gastmahl* anspricht: Der wahre Radfahrer existiert nur dann, wenn ihm die verlorene andere Hälfte seines ursprünglichen Wesens zurückerstattet wird; er ist eins mit ihm. Das Band, das den Radler mit seinem Rad verbindet, ist eines der Liebe und buchstäblich auch des Wiedererkennens, das die Zeit nicht zu zerstören vermag, sondern sogar noch verstärkt – bei Bedarf in Gestalt von Erinnerung und Nostalgie, falls das Leben sie getrennt hat.

Die Bastler treiben die Arbeit der »Personalisierung« sehr viel weiter. Ihr Einfallsreichtum kennt
keine Grenzen. Einige erfinden gar das Fahrrad neu,
indem sie die Lenkstange verlängern, den Sattel zu-
rückversetzen – theoretisch um den physischen Wir-
kungsgrad zu verbessern, dessen ökonomische Vorzüge
Ivan Illich vor ein paar Jahrzehnten herausgestrichen
hat. Manche liegen auf ihrem Rad wie auf einem Bett.
Andere beherrschen die Straße und hocken dabei auf
ihrer mit riesigen Rädern ausgestatteten Maschine, als
liefen sie auf Stelzen. Tatsächlich geht es sicher auch
darum, aufzufallen: Je origineller ihre Maschine ist,
desto eher werden sie gesehen. Manche richten Inter-
netseiten ein, auf denen sie ihre Erfindung feiern. Sie
sind beliebt. Man sieht sie auf ihren extravaganten
Maschinen herankommen. Man erkennt sie, spricht
sie bei ihrem Namen oder Vornamen an, wenn sie
vorbeifahren (einige hissen über ihrem Fahrrad eine
Fahne, ein Banner in ihren Farben, das man schon
von weitem sehen kann). Sie sind Bestandteil des
neuen Straßenbilds. Andere verbinden das Nützliche

mit dem Angenehmen, hängen hinter ihr Rad eine kleine Karre und fahren damit auf die (bei Touristen immer noch beliebten) Pariser Märkte, um ihre Waren anzubieten. Als Traditionalisten versuchen sie, an die verlorenen Rhythmen vergangener Zeiten anzuknüpfen und die Rolle zu übernehmen, die ein Jahrhundert zuvor die fliegenden Gemüsehändler innehatten. Trotz der beschleunigten Erwärmung der Erde und der klimatischen Störungen, die die Älteren immer noch in Erstaunen versetzen, von den unter Dreißigjährigen jedoch als natürlich empfunden werden, und trotz der Globalisierung des Lebensmittelmarktes bemühen manche sich, »so zu tun als ob« und im Winter nur Maronen, im Frühjahr nur Kirschen, im Sommer nur Melonen und im Herbst nur Pilze anzubieten. Man ist sich nicht immer sicher hinsichtlich der Herkunft dieser angeblich saisonalen Erzeugnisse oder dieser Erzeugnisse einer angeblichen Saison, aber man ermuntert gerne diese Illusions- und Nostalgieverkäufer.

Die Mode ist übrigens seit einigen Jahren ent-

schieden »retro« ausgerichtet, und allenthalben sieht
man »Fahrradtaxis« oder Rikschas, wie man sie im
letzten Jahrhundert während des Krieges und der
deutschen Besatzung überall auf den Pariser Straßen
finden konnte. Diese Fahrradtaxis werden von Touristen und Senioren geschätzt. Die unsichtbar eingebau
ten und völlig geräuschlos arbeitenden Elektromoto-
ren der E-Bikes leisten all jenen gute Dienste, die an
steileren Stellen wegen ihrer zerbrechlichen Konstitu-
tion, ihres Alters oder einer vorübergehenden Schwäche Schwierigkeiten haben, aber wieder Mut schöp-
fen, weil sie das Gefühl haben, bei den Zuschauern
den Eindruck einer erstaunlichen Leichtigkeit zu er-
zeugen. Der Elektromotor ist das Instrument voll-
kommener Gleichheit, die einzig unbestreitbare Form
einer positiven Diskriminierung. Auch das Tandem
ist wieder in Mode gekommen, als schönes Sinnbild
der notwendigen Solidarität der Paare, und es sind
auch neue sprachliche Wendungen zum Lob der
Freundschaft und der Liebe aufgekommen wie »ein
Tandem teilen« oder »gemeinsam in die Pedale tre-

ten«. Tüftler haben Fahrräder mit drei Sätteln wiedererfunden. Die gab es schon 1936, wie Dokumentarfilme aus dieser Zeit beweisen. Sie werden nun gerne vorgeführt, als hätten sie auf eine Weise vorweggenommen, was ein Jahrhundert später geschehen sollte.

Die Jugend der Welt

Die Entwicklung des Fahrrads hat die städtische Geographie revolutioniert. Die Radwege, die an der Seine entlang nach Westen und nach Osten führen, bieten die Möglichkeit, nun ganz leicht Suresnes oder die Seine-Inseln bei Meudon auf der einen, die Marne-Mündung auf der anderen Seite zu erreichen. Überall erleben die Gartenwirtschaften einen zweiten Frühling. Das sonntägliche Akkordeon und die Musette sind wieder zu einem Muss geworden. Auch hier hängt ein Hauch freundlicher Nostalgie in der Luft, aber es ist eine liebenswerte Nostalgie in Gestalt einer Rückkehr: Man feiert oder glaubt etwas zu feiern, das einem Wiedersehen ähnelt. Den Kindern bringt man das Radfahren schon sehr früh bei und ermuntert sie, mit dem Rad zur Schule zu fahren. Aus erzieherischen Gründen und im Hinblick auf ihre Sicherheit sorgt man dafür, dass die Kleinsten in Gruppen zur Schule und nachmittags wieder nach Hause fahren, gleichsam als Einführung in kollektive Disziplin. Sie folgen einer markierten Route und passieren festgelegte Punkte, die zugleich Treffpunkte darstellen, an denen die Eltern sie mit ein paar Tritten in die Pedale abholen können. Mädchen und Jungen lernen gemeinsam, den Körper zu beherrschen, und üben sich in Mobilität. Alle Schulen beteiligen sich an diesen Bemühungen. Schon vor langer Zeit musste der religiöse Fundamentalismus vor dem Fahrrad kapitulieren, und die Fahrradmode hat endgültig auch die wenigen Mädchen befreit, die noch von rückständigen Eltern oder rückwärtsgewandten Brüdern daran gehindert wurden, auf diese teuflische Maschine zu steigen. Das Fahrrad wurde, wie man sich erinnern dürfte, schon sehr früh, nämlich zu Beginn des 20. Jahrhunderts, zu einem Instrument der Emanzipation der Frauen, die es wagten, mit ihren Pluderhosen oder Bloomers der altmodischen Prüderie der

Sexisten jeglicher Couleur entgegenzutreten. Die Geschichte schreitet langsam voran, aber sie schreitet voran, behaupten optimistischere Geister. Und siehe da, heute mischen sich auf den Straßen der Île-de-France Jugendliche beiderlei Geschlechts aus einfachen Vierteln unter solche aus gehobenen Vierteln. Ein neues Netz von Jugendherbergen ist entstanden, und die jungen Leute entdecken wieder Landschaften ganz ohne Hilfe des Fernsehens. Es ist wie 1936, mit dem einen Unterschied allerdings, dass am Horizont kein Krieg droht.

Man atmet besser. Man riecht wieder den Duft der Kastanienbäume im Frühling und den der gerösteten Kastanien im Herbst und ebenso die vielfältigen Düfte, die man, ohne es zu bemerken, vergessen hatte. Man spürt wieder den Duft der Blumen, der Früchte, der Muscheln und Fische auf den Marktständen, den von frischer Wäsche oder Eau de Cologne und den der Luft selbst, die seit einiger Zeit nach Waldbeeren riecht und die viele gerne tief einatmen, um sich zu entgiften. Ganz groß in Mode ist nun wieder der Chansonnier Charles Trener: *Y a d'la joie…* (Welche Freude…).

Die Straßen sind auch deshalb angenehmer geworden, weil die Fahrer zu ihrer früheren Heiterkeit zurückgefunden haben. Die Taxifahrer sind immer höflich, immer gut gelaunt, immer verfügbar, und sie fahren ohne Ungeduld und Murren. Die politische Situation veranlasst sie nicht mehr zu bissigen Kommentaren. Sie drängeln sich nicht mehr an den Flughäfen, um dem Verkehr in der Innenstadt auszuweichen, und sobald man sich auch nur versehentlich am Ohr oder an der Nase kratzt, hält auch schon einer an und fragt, ob er zu Diensten sein kann. Die Verkehrspolizisten haben kaum noch Arbeit. In der allgemeinen guten Laune macht die Polizei sich rar, und wo sie sich sehen lässt, legt sie ein gutmütiges Verhalten an den Tag. Die Fahrradindustrie und die zugehörigen Dienstleistungen haben einen kräftigen Wachstumsschub verzeichnet. Die Autoindustrie schlägt sich recht gut und scheint unter der Befreiung der städtischen Räume nicht allzu sehr zu leiden. Die Produktion von Freizeitfahrzeugen – kleinen Cabriolets und Kleinwagen jeglicher Art für den Urlaub – ist beträchtlich gewachsen, und die gewaltigen Anstrengungen zum Ausbau der öffentlichen Verkehrsmittel haben einen echten Wirtschaftsboom ausgelöst.

Das Fahrrad genießt solches Ansehen, dass der Radsport ein Comeback in ganz unerwarteten Formen feiert. Der Amateursport blüht wieder auf, weil Gymnasien und Universitäten nun untereinander wieder Radrennen austragen. Die Tour de France der Universitäten wird immer stärker auch vom Fernsehen wahrgenommen. Das Rennen besitzt in gewisser Weise einen semiprofessionellen Charakter, denn es gibt zwar Preise, jedoch in Form von Stipendien, die von Privatunternehmen oder staatlichen Stellen finanziert werden. Die Etappen hat man kurz gehalten, um die Fahrer nicht umzubringen. Die Verpflegung ist kostenlos, und gelegentlich kann man erleben, dass Konkurrenten sich am Straßenrand gemeinsam zu Tisch setzen, um sich an mitgebrachten Speisen der Zuschauer zu stärken, bevor sie sich wieder aufs Rad schwingen und den nächsten Alpenpass angehen. Bei den Olympischen Spielen, an denen nun wirklich nur noch echte Amateure teilnehmen dürfen, ziehen Straßen- wie auch Bahnradrennen zahlreiche Zuschauer an. Dort wetteifern junge Leute miteinander, die zwar begabt sind, deren Zeiten aber weit hinter denen der Radrennfahrer in den letzten Jahren des Profiradsports zurückbleiben. Man hat, wie man so sagt, die Uhren wieder auf null gestellt und ein neues Buch der Rekorde begonnen. Manche möchten die Reformen noch weiter treiben und Rekorde ganz abschaffen, aber damit konnten sie sich nicht durchsetzen. Auf nationalen und internationalen Kolloquien mussten die Vertreter dieser radikalen Ansicht sich jenen beugen, die darauf hinwiesen, dass die Idee des Rekords dem Wesen eines Kampfes mit sich selbst entspricht, dass sie die Quintessenz der persönlichen Verausgabung darstellt und die anderen keineswegs in Frage stellt. Die Reform des Radsports hat auch allgemein zum Nachdenken angeregt und in allen Sportarten revolutionäre Auswirkungen gezeitigt. Die Medien unterstützen die Bewegung, seit sie die Sympathie im Publikum, aber auch die neuen Perspektiven erkannt haben, die sich daraus für den Werbemarkt ergaben. Der Amateursport ist an die Stelle der Telerealität getreten. Man spricht heute von Telewahrheit, um zu verdeutlichen, dass jede Fiktion daraus verbannt ist, und alle Sendungen, die sich der sportlichen Telewahrheit verpflichtet fühlen, haben großen Erfolg.

Der »Pedaleffekt«

»Pedaleffekt« ist zum neuen Modewort avanciert und hat den Ausdruck »Schmetterlingseffekt« verdrängt. In diesem Zusammenhang verweist man gerne auf den Vortrag des amerikanischen Meteorologen Edward Lorenz, der 1972 schon im Titel seiner Rede die provozierende Frage stellte: »Kann der Flügelschlag eines Schmetterlings in Brasilien einen Tornado in Texas auslösen?« Sozialwissenschaftler fragen sich inzwischen, ob die Chaostheorie sich nicht mit noch größerem Recht auf den aktuellen Zustand der Welt anwenden lässt. Mit ihrem typischen Sinn für rückblickende Vorhersagen verweisen sie darauf, dass möglicherweise alles mit der Initiative einer nordeuropäischen Stadt begann, die den ersten Pedaltritt eines städtischen Freizeitradlers gleichsam zu einer offiziel-

len Angelegenheit machte und unter den Schutz der
Stadt stellte. Das Beispiel breitete sich in Frankreich
wie ein Ölfleck aus, zunächst in Kleinstädten, dann in
Lyon und Paris, schließlich in allen französischen
Städten und am Ende in allen großen Metropolen der
Welt. Die Veränderung der Lebensqualität und die
Verbesserung der ökologischen Bedingungen auf der
Erde nahmen dort ganz offensichtlich ihren Anfang,
aber die Nebenwirkungen, insbesondere im sozialen
und politischen Bereich, sind geradezu verblüffend.
Die Klassenschranken öffnen sich oder brechen zusam-
men. Die Klientel der Erdölmächte schrumpft, und
mit einer Folgerichtigkeit, die die größten Materialis-
ten unter den Beobachtern entzückt, schwindet der
religiöse Bekehrungseifer dahin. Es scheint, als hätte
der Polytheismus der Radler den Monotheismus des
Erdöls zu Fall gebracht. Natürlich herrscht unter den
Fahrradherstellern heftige Konkurrenz, aber die Zahl
der potenziellen Abnehmer ist gewaltig und ihre
Anforderungen wachsen ständig. Die afrikanischen
Fahrräder machen den asiatischen das Leben schwer.

Die Forschung führt zu zahllosen Erfindungen oder Wiederentdeckungen (Falträder, tragbare Räder, Allzweckräder, Räder mit unsichtbaren Hilfsmotoren, musikalische Räder, unsinkbare Räder, Wasserfahrrader, Räder mit Segeln ...). Wissenschaftler sind auf dem besten Weg, Möglichkeiten zu finden, die vom Radler verausgabte Energie zurückzugewinnen und umzuwandeln; für diese Zwecke geeignete Versuchsstrecken sind bereits im Bau. Man hofft, auf diese Weise weite Teile des Energiesektors versorgen zu können.

Manche Beobachter äußern gelegentlich die Befürchtung, die anfängliche Frische der weltweiten Radlerbewegung werde auf Dauer nicht anhalten. Bislang ist die Begeisterung jedoch ungebrochen. Auf Einladung einiger Regierungen (Radler aller Länder vereinigt euch!) versammeln sich Millionen von Radlern zu gewaltigen Festlichkeiten in Peking, San Francisco und Johannesburg. Die Produktion erreicht ungeahnte Höhen. Die Techniken der Kommerzialisierung und der Werbung überbieten einander an Ein-

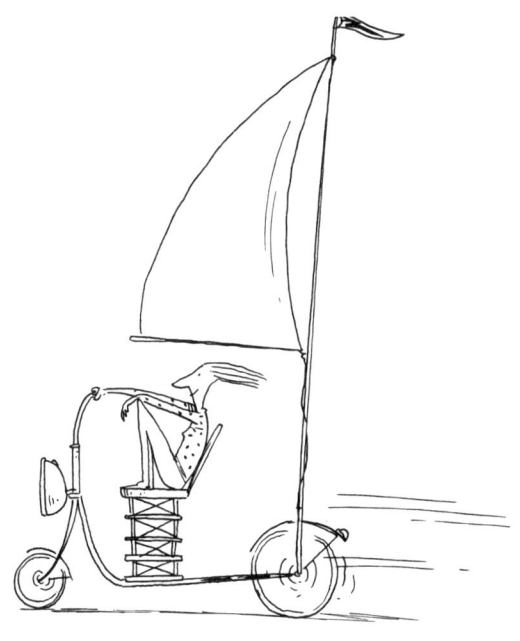

fallsreichtum. Der Kapitalismus kommt dabei auf seine Kosten, aber die Anforderungen der Benutzer auf den Gebieten der Arbeitsorganisation, der Bildung und der Freizeit sind so hoch, dass man sich fragt, ob nicht letztlich das Radfahren die Erfindung des Dritten Weges ermöglichen wird, jenes zwischen Liberalismus und Sozialismus gelegenen Weges, dessen vornehmliches Ziel das Glück des Einzelnen ist. Auf internationalen Konferenzen wird diese Frage diskutiert. Die beiden letzten dieser Art, die im Universitätszentrum Aubervilliers stattfanden (»Das Fahrrad und das Ende der Ideologien«, 2036; »Das Fahrrad oder der Tod Gottes«, 2037), erregten weltweit großes Aufsehen. Und schließlich erlauben einige glückliche Einfälle die Feststellung, dass die menschliche Spezies (der Mensch, Mann oder Frau, jung oder alt) und ihr neuer fahrbarer Untersatz von nun an eins miteinander sein werden. Das jüngste Ereignis dieser Art ist zugleich das schwindelerregendste, und das zugehörige Bild wird sich für immer ins Gedächtnis einbrennen: Seit der erste Mensch unter den Blicken von neun Milliarden Erdbewohnern auf dem Mars radelte, hat sich etwas in der Geschichte des Planeten und im Bewusstsein der Menschen verändert.

Zurück zur Erde

Wer sich allzu sehr in Utopien versteigt, riskiert einen
tiefen Fall. Darum will ich nun lieber aufhören, Bilder
des Radelns im Zustand der Schwerelosigkeit heraufzubeschwören. Allerdings glauben wir die Schwerelosigkeit besser als jemals zuvor zu kennen oder wiederzuerkennen. Bilder aus unserer heutigen Welt
lassen diesen Traum wieder aufleben: wenn Groß-
raumflugzeuge mit mehreren hundert Passagieren an
Bord von der Startbahn abheben oder Raketen in Cap
Canaveral majestätisch ins All starten, wenn uns un-
sichtbare Hubschrauber auf dem Fernsehschirm das
nächtliche Leuchten der Megastädte vor Augen führen oder Satelliten unseren Planeten beobachten, wenn
Kinos mit Hilfe aller erdenklichen *special effects* die
Bilder fiktiver Gestalten wie Batman oder Spider Man

in alle Winkel des Universums katapultieren. Diese Bilder sind deshalb so faszinierend, weil sie unseren Wunsch illustrieren und wecken, die Schwere des Alltags hinter uns zu lassen. Kein Zweifel, durch den Gebrauch des Fahrrads erfüllen die Menschen sich etwas von jenem Wunsch nach Beweglichkeit, Leichtigkeit, ich möchte fast sagen: Flüssigkeit – diesem Wunsch, der auch in den Worten zum Ausdruck kommt, mit denen sie über die neuen Technologien reden (sie »surfen« oder »navigieren« im Internet). »Flüsse sind Wege, die wandern«, schrieb Pascal einmal. Man kann sich vorstellen, dass die Menschen umgekehrt Lust haben, die Wege in Flüsse zu verwandeln. Übrigens soll Pascal den Schubkarren erfunden haben. Allein mit Hilfe der übersetzten Körperkraft erlaubt es das Fahrrad, dieses Ideal bequemer Mobilität ein Stück weit zu verwirklichen. Der Radfahrer träumt davon, es auf der Erde dem Fisch im Wasser oder dem Vogel in der Luft gleichzutun, auch wenn er sich an den Zwängen des Raumes abarbeitet.

Denn im Gegensatz zu dieser allzu verführerischen Illusion hat das Radfahren gerade das Verdienst, unser Bewusstsein für den Raum und auch für die Zeit zu schärfen. Das kann man heute in Paris erkennen, wo die Mieträder sich vor allem an den Stationen in tiefergelegenen Vierteln sammeln. Die Kleintransporter, mit denen man die Räder dort wieder abholt, fungieren als Schlepplifte, die es den fauleren Radlern ermöglichen, sich problemlos den Freuden einer ständigen Abfahrt und einer endlos freien Fahrt hinzugeben. Aber auch diese Schummler der Muskelkraft lernen auf ihre Weise den konkreten Raum und die konkrete Landschaft kennen. Wenn sie nur ungern die Rue Saint-Jacques oder die Rue des Martyrs hinauffahren, so nicht immer nur, weil sie auf das pure Vergnügen und den reinen Spaß aus wären, sondern auch weil sie sich ihres Alters oder ihrer fehlenden Form bewusst sind und der Notwendigkeit, dieser Schwäche nach Möglichkeit abzuhelfen. Irgendwann, nach ein wenig Diät oder Training, werden sie einen weiteren Versuch unternehmen. Das Wunderbare am Fahrrad ist, dass es sanft und freundlich zur biologischen Ordnung ruft und zugleich allen, die davon Gebrauch machen, ein Mindestmaß an Wachsamkeit auferlegt.

All die Einladungen zur Passivität, die die Beziehung vieler Menschen zu den Medien bestimmt, sind verschwunden, sobald diese Leute sich in den Sattel schwingen. Nun sind sie wieder verantwortlich für sich selbst und merken das auch sofort. Sie erlangen ein Bewusstsein des eigenen Ortes, den sie in alle Richtungen durchfahren können, wie auch der Wege, die davon weg oder dorthin zurück führen. Bedenkt man zudem, dass die Praxis des Radfahrens ihnen in der Regel die Möglichkeit eröffnet, wieder in ihre Kindheitserinnerungen und in das Kontinuum ihres Lebens einzutauchen, darf man den Schluss ziehen, dass die Erfahrung des Radfahrens einen fundamentalen Existenzbeweis darstellt, der alle, die sich ihr überlassen, in ihrem Identitätsgefühl bestärkt: Ich radle, also bin ich.

Die gegenwärtige Beliebtheit des Fahrrads hauptsächlich bei jungen Leuten ist daher aufschlussreich und hat den Charakter eines Symptoms. Was uns heute in dieser Welt der von den Medien verbreiteten Bilder und Botschaften in erster Linie fehlt, ist das Realitätsprinzip. Wir geben uns selbst sehr wohlfeil das Gefühl zu existieren, indem wir alle naslang unsere Meinung zum Ausdruck bringen, so sehr sie auch von unserer Umgebung geprägt sein mag. Wir bringen sie gegenüber unseren Nachbarn zum Ausdruck, falls wir welche haben; im Internet, falls wir darin navigieren; im Fernsehen, falls wir ausgewählt werden, sie dort zu sagen; oder auch in den Meinungsumfragen, falls wir befragt werden – aber auch wenn wir nicht befragt werden, da diese Umfragen uns sagen, was wir mehrheitlich denken. Die Fahrradmode geht zweifellos zum Teil auf dieses Meinungsphänomen zurück, aber sobald wir im Sattel sitzen, verändert sich alles und wir finden uns wieder, wir nehmen uns wieder selbst in die Hand. Unsere persönliche Geschichte belegt uns mit Beschlag. Die Außenwelt drängt sich uns sehr konkret in ihren ganz und gar physischen Dimensionen auf. Sie leistet uns

Widerstand und zwingt uns zu einer Willensanstren-
gung, aber zugleich bietet sie sich uns als ein Raum
innerer Freiheit und persönlicher Initiative an, als ein
poetischer Raum im vollen und ersten Sinn des Wortes.

Die Kinder sind natürlich mehr noch als die
Erwachsenen Philosophen und stellen sich ständig
Fragen. Sie sind noch keine Gewohnheitstiere, und
das Schauspiel der toten Dinge lässt sie ebenso stau-
nen wie das der diversen Lebensformen. Zugleich
verhalten sie sich wie Dichter. Sie spielen, erfinden
Geschichten, aber im Unterschied zum Heranwachsenden, der stets Gefahr läuft, den Phantasmen seiner
Tagträume zu erliegen und eine Neurose zu entwickeln, vermögen Kinder durchaus zwischen der Welt
des Spiels und der Realität zu unterscheiden, wie
Freud in seinem Aufsatz »Der Dichter und das Phantasieren« dargelegt hat.[*] Das Radfahren gibt uns ein
Stück kindlicher Seele zurück und damit auch die

---

[*] Sigmund Freud, »Der Dichter und das Phantasieren«,
in: ders., *Gesammelte Werke*, Bd. 7, S. 213–223.

Das Licht des Tages
in die Nacht hinüberretten

Mein Haar ist so lang gewachsen, dass ich mir eine Frisur binden kann, und mein Handgelenk schmückt wieder ein rot-weißes Glücksbändchen. Ich hoffe, dass ich es schaffe, den misshandelten Mädchen und Frauen mit meiner Geschichte eine Stimme zu geben. Ich möchte den Überlebenden Mut machen:

»Verliert nicht euren Glauben, denn das Leben ist schön!«

Sicher, es sind schwierige Zeiten, düstere Zeiten. Bevor ihr euch aber in die Dunkelheit verliert, zündet eine kleine Kerze an. Wie die Tempeldiener in Lalisch. Jeden Tag hüten sie die 366 Olivenölkerzen, die das ganze Jahr rund um die Uhr als ewige Lichter brennen. Jeden Abend retten sie das Licht des Tages in die Nacht hinüber. Ich wünschte mir, ich könnte hinfahren, um all diese Lichter zu sehen.

Es gibt nur eine Welt und einen Gott. Und dieser eine Gott soll alle Menschen auf der Welt beschützen.

Nachwort von
Prof. Dr. Dr. Jan Kizilhan

Nach dem Terrorangriff auf die Satirezeitschrift »Charlie Hebdo« haben wir gehofft, dass sich solche Grausamkeiten nicht wiederholen würden. Doch gerade dieses Szenario aus Terror, Angst und Schrecken ist erneut in Paris eingetreten. Dieses Mal in Form von Angriffen auf unschuldige Menschen, die ein Fußballspiel und ein Konzert besucht haben oder in einem Straßencafé gesessen sind.

Der Krieg der Terroristen ist nun eindeutig nicht mehr allein auf den Irak und Syrien konzentriert, wo Hunderttausende Menschen verfolgt, gefangen, gefoltert und vergewaltigt werden. Die Terroristen haben es geschafft, die Furcht nach Europa zu transportieren. Mit dieser perfiden Strategie der Angstverbreitung wollen die IS-Milizen politisches Chaos stiften und unsere Errungenschaften von Freiheit, Demokratie, Philosophie, Moral und Ethik, kurz die Art, wie wir leben, zerstören. Die westliche Welt und die regionalen Akteure im Nahen und Mittleren Osten haben aufgrund politischer und wirtschaftlicher Interessen den sogenannten Islamischen Staat (IS) unterschätzt und zu diesem mörderischen System heranreifen lassen. Der IS ist nicht mit bisherigen islamisierten terroristischen Organisationen zu vergleichen. Vielmehr verfolgt er eine totalitär-faschistische Ideologie, bedient sich islamischer Symbole und erweitert seinen Terror über die ganze Welt. Dieses System kennt kein Mitleid mit Menschen, die sich ihm nicht unterwerfen.

Mit dem Akt der Zerstörung haben die radikalisierten Muslime bereits vor zwei Jahren im Irak und Syrien begonnen. Sie töten und versklaven nicht nur Menschen, sondern zerstören auch Kultstätten, Denkmäler und Statuen, die ein Teil unseres menschlichen Gedächtnisses und unserer Identität sind. Diese Terrormilizen wollen also auch unsere Vergangenheit töten, damit die Menschheit ihre kollektive Identität verliert. Welch ein Hass muss gegen unsere Werte herrschen, wenn sie sogar »Steine« mit solch einem Fanatismus zerstören? Der Fanatismus macht blind und tötet jegliche Empathie, die einen Menschen eigentlich erst zum Menschen macht. Diejenigen aber, die sich der pathologischen Ideologie des IS nicht unterwerfen, werden zu Objekten und Unmenschen deklariert und mit ungeheurer Brutalität ermordet.

Im August 2014 richtete sich im Irak diese Aggression beispielsweise gegen die alteingesessenen religiösen Minderheiten im Land, insbesondere gegen die Jesiden. Männer wurden in großer Zahl ermordet, Abertausende Frauen und Kinder verschleppt und gezielt auch sexueller Gewalt ausgesetzt. Die religiöse Minderheit sollte ausgelöscht und der Wille der Opfer gebrochen werden. Tausende wurden zwangskonvertiert. Besonders den Frauen vermittelten diese Verbrecher, angesichts patriarchaler Traditionen, durch Vergewaltigung angeblich »entehrt« zu sein und »ohnehin nicht mehr in ihre alte Gesellschaft zurückkehren zu können«.

In der Folge dieses Terrors sind mehr als 20 000 Jesiden nach Syrien, 30 000 in die Türkei und 400 000 in die kurdische Region geflüchtet. Die Jesiden wurden und werden systematisch verfolgt und ermordet, was auch die Geschichte von

Shirin sehr deutlich macht. Aus ihrer Sicht ist das Vorgehen der IS gegen die Jesiden ein Genozid, der sich nun zum 73. Mal in ihrer Geschichte wiederholt.

Trotz dieser Ungeheuerlichkeiten müssen wir der Frage nachgehen, wie es dazu kommt, dass sich Tausende von Menschen aus aller Welt dieser Terrorgruppe anschließen und zu Massenmördern werden, die glauben, die Welt und ihre kulturelle Identität zerstören zu müssen, um uns ihre dunkle und unmenschliche Ideologie mit aller Gewalt aufzuzwingen.

Warum diese Gewalt?

In der Menschheitsgeschichte ist der grausame Tod von Männern, Frauen und Kindern im Gefolge von Kriegen und Auseinandersetzungen leider nichts Neues. Allerdings verändert die bloße Tatsache, dass Gewalt als Methode in einer Gesellschaft gebilligt und angewendet wird, das Wesen und den Charakter dieser Gemeinschaft, und zwar vom Individuum bis hin zur Gesamtgesellschaft.

Historisch und aktuell betrachtet, hat Gewalt einen nachhaltigen Einfluss darauf, wie eine Gesellschaft sich entwickelt, wie sie mit Konflikten umgeht und wie sich vermutlich einmal ihre Kinder und Enkelkinder verhalten werden. Wenn die physische Gewalt lang andauert – und genau das tut sie im Nahen Osten –, nimmt dies einen so dauerhaften Einfluss auf die Gesellschaft, dass sich eine Kultur der Gewalt herausbildet.

Diese Gewalt hat ihre Spuren in allen Lebensbereichen

hinterlassen, insbesondere in den nationalistischen Ideologien der heutigen Staaten im Nahen Osten und in ihrer Religion, und das geht mit einer patriarchalischen Sicht einher. Sie prägt das Verhalten der Mitglieder einer Gesellschaft und macht die Menschen gegenüber anderen zutiefst misstrauisch.

Jede Gruppe war wohl einmal Opfer, aber auch Täter. Von daher ist es nicht verwunderlich, dass der islamisierte Terrorismus einen nicht zu unterschätzenden Halt und eine gewisse Sympathie bei der islamischen Bevölkerung findet, da es keine Akteure gibt, denen die Menschen sonst noch vertrauen können. Der IS nutzt seine »Chance«, um dieses Misstrauen und diese latente Instabilität fortzusetzen.

Schon seit dem Zusammenbruch des Osmanischen Reiches und der Staatenbildung nach dem Ersten Weltkrieg waren die Staaten im Inneren fragil. Der Westen blickte aber auf den Irak Saddams, das Syrien der Assads, das Libyen Gaddafis und das Ägypten Mubaraks und glaubte, eine Stabilität zu sehen, die berechenbar wäre. Das traf aber nicht zu, denn Menschenrechtsverletzungen, Massaker und die Unterdrückung religiöser und ethnischer Gruppen schufen tiefe gesellschaftliche Spaltungen. Der sogenannte »Arabische Frühling« konnte daher nicht erfolgreich sein. Die Diktatoren hatten eine unmündige, zerstrittene und zum Teil patriarchalisch-religiöse Bevölkerung aus Tätern und Opfern hinterlassen, die nicht in der Lage sind, von heute auf morgen demokratische Strukturen zu entwickeln und sich zu versöhnen.

In Bagdad beispielsweise behandelt und unterdrückt die schiitische Regierung heute die Sunniten, wie zuvor Saddam die Schiiten unterdrückt hatte. Auch die religiösen Minderheiten – wie Christen, Mandäer, Kakai, Schabak und Jesiden – sind weit von Freiheit und demokratischer Gleichbehandlung entfernt. Ein großer Teil der Sunniten, ihre Stämme und ehemals hochrangige Offiziere des Saddam-Regimes, unterstützen den IS und dessen Terror, um sich so an der schiitischen Regierung in Bagdad zu rächen.

Das bleibt nicht ohne Folgen. Der Iran will verhindern, dass an seiner Westgrenze, die immer eine von Kriegen erschütterte Grenze war, wieder feindliche Sunniten die Macht übernehmen. Teheran unterstützt daher in Bagdad die Schiiten und setzt auf eine Instabilität des Irak, damit dort weiter die Schiiten herrschen und die Kurden keinen eigenen Staat ausrufen.

Die sunnitische Türkei will zwar ebenfalls keinen kurdischen Staat, aber auch keinen erstarkten Iran. So hat auch die Türkei, getrieben von einer Politik des »Neo-Osmanismus«, Interesse an Instabilität in Syrien und teilweise im Irak. Schließlich will Ankara ebenfalls das Streben der Kurden nach einem Staat behindern und den Einfluss Irans durch einen Sturz Assads eindämmen. Auch deshalb bekämpft die Türkei den IS nicht ernsthaft.

Saudi-Arabien und andere Golfstaaten schüren in Syrien und im Irak Instabilität, indem sie extremistische islamistische Gruppen unterstützen. Saudi-Arabien führt, flankiert durch die Türkei, den Krieg der Sunniten gegen die Schiiten an. Das Königreich will Assads Sturz, um den Iran zu schwächen; es lenkt damit auch von der Unterdrückung der eigenen Bevölkerung ab, die sich in Hinrichtungen, Auspeitschungen und Einschränkung der Meinungsfreiheit äußert.

So führen Saudi-Arabien und Iran einen Religionskrieg zwischen Sunniten und Schiiten fort, der so alt ist wie der Islam selbst und der in der Geschichte des Nahen Ostens zu zahlreichen Grausamkeiten geführt hat. Dieser Kampf ist noch lange nicht zu Ende.

Heute führen die beiden Schutzmächte der Sunniten und der Schiiten gegeneinander Krieg, aber nicht direkt, sondern mithilfe von Stellvertretern – etwa im Irak, in Syrien, im Jemen, selbst in Pakistan. Eine Folge davon ist, dass bei dem Bürgerkrieg in Syrien Hunderttausende Menschen getötet wurden und Millionen aus dem Land fliehen mussten.

Dies zeigt, dass viele Akteure ein Interesse an der Instabilität des Nahen Ostens haben: an erster Stelle die Terrororganisationen, die in diesem Umfeld besser gedeihen können, aber auch Staaten wie Saudi-Arabien, die Türkei und Iran, für die Instabilität besser ist als die Stabilität einer Ordnung, die nicht in ihrem Interesse liegt.

Dieser Politik haben sich leider viele westliche Staaten angeschlossen, darunter die USA, Frankreich, Deutschland und Russland. Der westlichen Welt muss jedoch klar sein, dass jene, die auf Instabilität setzen, damit auch den IS-Terror dulden. Und der bedroht, wie wir bereits in Paris schmerzlich spüren mussten, nicht mehr nur den Nahen Osten.

Religiöse und weltliche Herrschaft des Islam

Die Lage im Nahen Osten ist politisch, aber auch gesellschaftlich-religiös kompliziert. So war der Islam fast von Anbeginn an machtpolitisch und religiös wirksam. Eine klare Trennung zwischen beiden Aspekten ist bis heute schwierig. Der Islam expandierte innerhalb weniger Jahre auf die gesamte arabische Halbinsel.

Nur hundert Jahre später reichte der Herrschaftsbereich der islamischen Staatsgewalt bereits von Spanien bis zum Indus, vom Kaukasus bis zur Sahara und zum Indischen Ozean. Die religiöse Gemeinschaft erlangte also zugleich auch die weltliche Herrschaft.

Dieser Umstand und die aktive Ausübung von Gewalt zur Ausbreitung des Islam haben die dortigen Lebensverhältnisse bis heute nachhaltig beeinflusst. Die Regeln des Islam sind für die gesamte menschliche Lebensführung verbindlich. Ihr Bestand an Geboten und Verboten umfasst die Bereiche Religion und Recht. Im Islam wird der Oberbegriff für Religion und Recht gleichgesetzt mit Scharia, was so viel wie »der gebahnte Weg« heißt. Über die Scharia versucht man, Regeln für das gesamte gesellschaftliche Leben durchzusetzen.

Während der Geltungsbereich des Rechts heute weitgehend territorial bestimmt ist und unabhängig von der Eigenart einer Person gilt, die sich auf dem Territorium der rechtsetzenden Macht aufhält, wird der Islam in vielen Ländern des Nahen und Mittleren Ostens – und heute insbesondere vom IS – als ein Instrument zur Durchsetzung der jeweiligen Interessen eingesetzt. Das führt innerhalb der verschiedenen Gemeinschaften zu Angst und Unsicherheit.

Angst und Unsicherheit

Die islamische Gesellschaft scheint tief geprägt von Angst und Unsicherheit zu sein. Dies hat verschiedene Gründe. Zum einen spielt der Islam eine wichtige Rolle, indem er vorschreibt, dass man sich strikt an religiöse Regeln und Anweisungen halten muss.

Erschwerend kommt hinzu, dass die Religion den Menschen als so schwach ansieht, dass er hinsichtlich der Einhaltung religiöser Regeln kontrolliert werden muss. Die Gefahr, sich tatsächlich regelwidrig zu verhalten, ist folglich immer gegeben, was durchaus zu Unsicherheiten bei den Menschen führen kann.

Natürlich existierten auch wirkliche Gefahren, ausgelöst durch verschiedene Mächte und Aggressoren. Dies wiederum hat großen Einfluss auf das Leben der Menschen genommen, die nicht in der Lage waren, eine stabile und sichere Gesellschaft mit ausreichender Versorgung zu entwickeln.

Unterschwellig wurde diese Zivilisation von einer tiefen Existenzangst beherrscht, der sich selbst die gläubigsten Muslime nicht entziehen konnten. Diese Angst äußerte sich paradoxerweise in einer merkwürdigen Todessehnsucht. Das zeigte sich bei Feiern nach einer gewonnenen Schlacht, in der Hunderte von Menschen getötet wurden. Das Köpfen der Feinde und das Mitschleppen zahlreicher Körperteile wie Ohren und Nasen sind nur einige Beispiele dieser krankhaften Morbidität. Der Tod war ebenso wenig ausgegrenzt wie der Friedhof, der in unmittelbarer Nähe des Dorfes lag.

Die Praxis sowohl körperlicher Bestrafungen als auch der Tötung von Menschen, vor allem infolge der zahlreichen Kriege zwischen den verschiedenen Gruppen, wurde – vorsichtig ausgedrückt – nur mit geringer Empörung hingenommen. Gleichzeitig erachteten religiöse islamische Gruppen die Anwendung von Gewalt gegen Ungläubige als durchaus legitim (Koran, Sure 2 die Kuh, Vers 190–193; 9:29).

Man darf auch nicht vergessen, dass öffentliche Hinrichtungen auf die Massen eine seltsame Faszination ausübten und immer noch ausüben. Abgeschnittene Ohren und Augenlider, abgehackte Hände, durchbohrte Zungen, ausgestochene Augen waren nicht die schlimmsten Verstümmelungen. Folter, Verbrennungen, Köpfen, Erhängen und andere Formen des Tötens waren selbstverständliche Bestandteile des praktischen Lebens.

Diese Praktiken verstärkten meiner Meinung nach die Lebensverachtung noch zusätzlich. Sie verstärkten aber auch die Aggressivität, zumal jeder stets einen Gegenstand, der zu einer Waffe umfunktioniert werden konnte, zu seiner Verteidigung bei sich trug.

Auf der Suche nach Sicherheit flüchteten sich die Menschen in zwischenmenschliche Beziehungen. Auf solche Weise versuchten sie, sich durch ihre Familie und andere Solidargemeinschaften gegen physische und psychische Unsicherheit zu schützen. Aufgrund dieser Schutzbedürfnisse gibt es gegenwärtig im Nahen Osten noch immer starke Stammesstrukturen, da der Staat bis heute nicht in der Lage ist, all seine Bürger zu schützen. Vor allem wenn sie einer bestimmten ethnischen oder religiösen Gruppe angehören, die die Entwicklung der Gesellschaften erheblich beeinflusst.

Wenn der »Vater« seine Kinder
nicht schützen kann

Krieg, Gewalt, Diktatur, Besetzung oder Ausbeutung haben im Nahen Osten zur Konservierung tradierter patriarchalischer sowie teils archaischer Normen und Werte geführt, die die nachfolgende Generation ohne Reflexion in ihren Alltag aufgenommen hat. Das zieht in der globalisierten Welt Konsequenzen nach sich.

Der Vater, der symbolisch für einen mündigen Staat steht, kann den Kindern, seinen Bürgern, keinen ausreichenden Schutz und keine Perspektive bieten, weil er selbst zu schwach, möglicherweise korrupt ist und, da er in einer Doppelmoral von Idealismus und Realität gefangen ist, keine wirkliche Vorbildfunktion hat. So entsteht bei den Kindern ein Gefühl der Enttäuschung, das sich in Formen materieller und existenzieller Ängste ausdrückt.

Derlei Erfahrungen prägen Kinder sowie Heranwachsende und machen sie besonders sensibel für vermeintliche Ungerechtigkeiten. Eine Tatsache, die man in Ansätzen auch beim sogenannten »Arabischen Frühling« beobachten konnte. Kinder und Jugendliche rebellieren gegen ihre Eltern und akzeptieren die Machthierarchie nicht mehr. Die Kinder erleben ihren Vater als unfähig, wenden sich folglich radikalen Gruppen zu, die wiederum als starker »Ersatzvater« wahrgenommen werden.

Viele dieser Jugendlichen orientieren sich zunehmend an dem »heldenhaften Kämpfer, der bis in den Tod für den Glauben und gegen den Feind kämpft« und ihnen Wertigkeit und Identität noch über den Tod hinaus verspricht. Die Jugendlichen, die sich den Terrorgruppen anschließen, finden eine neue ideologische Orientierung, durch die der schwache Vater ersetzt wird.

Gleichzeitig aber werden Tradition und Werte dieses Vaters gegen den Feind geschützt und bewahrt. Ihre Tradition ist die patriarchalische, arabisch-islamische Vorstellung, die Vision des Wahabismus des 18. Jahrhunderts oder die des Hasan-i Sabbāh, der im 12. Jahrhundert mithilfe von Drogen und fanatischem Glauben Selbstmordattentäter ausbildete, um Angst und Schrecken zu verbreiten.

Der Bürger vertraut dem Staat und seinen Eliten nicht mehr. So gilt nicht der Vater, sondern der junge Terrorist, der bereit ist, im Krieg zu sterben, als das neue Vorbild. Diese Spaltung zwischen dem Staat und seinen Bürgern, vor allem der neuen Generation, kann auch als Ergebnis eines weniger erfolgreichen Transformationsprozesses der arabischen Welt gesehen werden. Dies hat zu einem Bruch in der Gesellschaft geführt und erzeugt Desorientierung, Irritationen und gar Frustrationen sowie Entfremdungsgefühle.

Vor allem viele Jugendliche orientieren sich an kulturellen Bewegungen und suchen nach neuen Formen der Identität und des sinnstiftenden Selbstverständnisses ihrer Lebensverhältnisse, da sie frustriert, reizbar und aggressiv auf der Suche nach Identität und Selbstwert sind.

Durch Gewalt und Tod Selbstwert erlangen

Unstrittig ist, dass Frustration, die als Einschränkung von Bedürfnissen und Zielen verstanden werden kann, Aggression fördert. Allerdings führt nicht jede Einschränkung zu Aggression. Aggressives Verhalten ist von mehreren Faktoren abhängig.

Bewiesen ist heute auch, dass ein geringes Selbstwertgefühl, das Versagen in der eigenen Gruppe und ein negatives Selbstbild Aggressionen begünstigen. Ebenso kann das Gefühl, in seiner Ehre verletzt beziehungsweise als Gruppe gedemütigt und nicht in der Lage zu sein, dagegen etwas unternehmen zu können, zu einem minderen Selbstwertgefühl führen.

Geringer Selbstwert, der Diskurs in der arabischen Welt über Demütigung und Nichtanerkennung in der Welt sowie die internen Kämpfe um den »richtigen Glauben« haben scheinbar zu einer unbewussten kollektiven Kränkung geführt, die unter anderem durch eine »Kultur der Gewalt« die nicht erhaltene Anerkennung zu erzwingen versucht.

Dabei müssen zum Beispiel Terroristen nicht unbedingt selbst Kränkungen erlebt haben. Wesentlich ist, dass sie von einer realen oder geglaubten Kränkung ausgehen und diese als einen fundamentalen Angriff auf die soziale und kollektive Identität erleben. Die kollektive Identität ist immer ein Teil der Ich-Identität, die wiederum Emotionen hervorruft, wenn der Gruppe oder deren Mitgliedern etwas widerfährt.

»Erfolge« der Gruppe, auch im Sinne von Selbstmordattentaten oder der Enthauptungen von »Ungläubigen«, führen zu einer Selbstaufwertung. Niederlagen und Demütigungen hingegen ziehen eine Abwertung der sozialen und kollektiven Identität nach sich, ganz unabhängig von individuellen Erfahrungen.

Aggressionen können sich auch nach innen richten, zu innerpsychischen Konflikten und damit zu Krankheiten, Depressionen oder im Extremfall zu Selbsttötungsabsichten führen. Wut und Angst sind Gefühle, die sich hinter aggressivem Verhalten verbergen. Es sind normale Gefühle, die jeder Mensch hat und derer sich niemand zu schämen braucht.

Unterdrückte Gefühle wirken im Unbewussten weiter und tauchen versteckt wieder auf. Unterdrückte Energie wiederum sucht sich Ersatzziele.

Herrschsucht, Vorurteile und Grausamkeit gegenüber Schwächeren können auch in kollektiven Gesellschaften als unterdrückte aggressive Gefühle und fehlgeleitete Aggressionen verstanden werden. Die Restriktionen und Verbote in kollektiven Kulturen, vor allem im Islam, können durchaus so interpretiert werden.

Aggressionen, die sich in Form von unsozialem und destruktivem Verhalten äußern, sind Ausdruck geringer Selbstachtung und tiefer Verunsicherung, von Angst und Frustration. Aggressionen können aber auch als Ausdruck von Kraft und Mut von Gesellschaften unterstützt oder verlangt werden, was in archaischen Gesellschaften anzutreffen ist. Bei »Verteidigung der Religion gegen den Feind« werden Aggressivität und gewaltsamer Angriff begrüßt, auch wenn das nicht immer öffentlich geschieht. Zum Teil wird die Gewalt zum Schutz der eigenen Werte und Normen von der Gesellschaft und ihrer Kultur getragen.

Trotz des Wissens, dass das Töten des Menschen moralisch falsch ist, bietet die seit Jahrhunderten festsitzende, stark emotional besetzte archaische Überzeugung keinen Platz für Humanität. Vielmehr verleugnet und delegitimiert sie jede Art von Humanität oder rechtfertigt die Tötung von Menschen.

Warum diese Verneinung der Humanität?

Gewalt, die darin besteht, Menschen zu töten, bedarf dennoch einer Erklärung sowohl für diejenigen, die sie ausüben, als auch für die Opfer. Da das Leben als heilig betrachtet wird und ebendiese Heiligkeit durch die Anwendung physischer Gewalt verletzt wird, brauchen die Beteiligten ein Prinzip zur Rechtfertigung dieser unmoralischen und unmenschlichen Handlungen. Die Ausführenden müssen hören, warum sie die gewaltsamen Handlungen ausführen sollen, und die Opfer müssen hören, warum sie die Verluste erleiden mussten. Häufig holen die Opfer zum Vergeltungsschlag aus und werden somit zu den Ausführenden, die physische Gewalt gegen ihre Gegner ausüben. In diesem Fall betrachten sich auch beide Seiten als Opfer, die beide gewaltsame Akte ausführen. Deshalb brauchen in den meisten Fällen beide Konfliktparteien Erklärungen, Rechtfertigungen und Prinzipien zur Legitimierung der physischen Gewalt, die sie einerseits ausüben und deren Opfer sie andererseits sind. Die IS-Terroristen legitimieren ihre Taten durch die islamische Religion und rechtfertigen sie unter anderem mit der Demütigung durch den eigenen Staat oder durch die imperialistischen Staaten.

Der IS-Terrorist bezieht sich auf ein seit Jahrhunderten bekanntes Erklärungsschema. Es besagt, dass Ungläubige konvertiert oder getötet werden können. Der IS ordnet die Gruppe der Jesiden als eine extrem negative Gruppe ein und verneint damit auch die Humanität gegenüber den Jesiden.

Aus Sicht dieser Terrorgruppe sind alle Ungläubigen, wie Jesiden, Christen, Juden, Kakai, böse, unmoralisch und unmenschlich. Das ist die einfachste, effektivste und umfassendste Art, zu erklären, weshalb Menschen umgebracht wurden und weshalb sie auch weiterhin umgebracht werden sollen.

Diesen Tätern wird scheinbar jegliche Form von Individualität genommen. Sie werden zu Unpersonen und töten sich und andere für ein vermeintlich höheres Interesse des unfassbaren, undiskutierbaren und unfehlbaren Glaubens.

Wenn die Terroristen erst einmal eine Person dazu gebracht haben, ihr eigenes »Ich« zum Wohle der Terrorgruppe zu opfern, gewinnt deren Denken und Handeln einen gleichsam automatischen Charakter. In jeder Situation wird ein zuvor eingeschultes Verhaltens- und Handlungsschema aktiviert, das allein deren Art des Denkens und Lebens akzeptiert und die der anderen vernichten muss.

Selbstmord und Ermordung von Menschen werden zu einer Fixierung der Selbstverständlichkeit. Das Böse der eigenen Handlungen wird dysfunktional zum Guten verdreht. Auf einer weiteren psychischen Ebene, gleich eines Wahns, glauben sie sogar, die Opfer, wie die Jesiden oder Christen, durch den Tod vom »Elend des Ungläubigen« zu befreien.

Der Täter, der selbst getötet werden könnte, so wird ihm injiziert, wird dagegen zu einem »Märtyrer«, also unsterblich; das Paradies ist den Mördern »sicher«. Letztendlich verlassen diese Kämpfer jede Form der uns bekannten Realität.

Die »Ungläubigen« zu töten und selbst zu sterben sind Ziele, die jeglichen Dialog und Zugang zu diesen Personen unmöglich machen, weil das Sterben als Befreiung verstanden wird. Gefühle von Empathie, Trauer und Schmerz der anderen, die nicht zu ihnen gehören, werden so sehr verdrängt, dass sie sogar Kinder töten oder Hunderte von Menschen lebendig begraben und enthaupten können.

Solch apokalyptische Einstellungen führen, wie wir das beim IS-Terrorismus im Irak oder in Syrien erleben, zu einer Entmenschlichung des Menschen. Die anderen werden zu Nichtmenschen und müssen aus ihrer Logik heraus getötet werden.

Diese Ideologie, wenn sie durchgehend und systematisch angewendet wird, zeigt auch Wirkung bei Kindern, die gefangen genommen und zu Kindersoldaten ausgebildet werden. Der IS nimmt jesidische, christliche, schiitische und andere Kinder aus den verschiedenen ethnischen und religiösen Gruppen gefangen, unterrichtet sie in der islamischen Religion und bildet sie an Waffen aus, bis sie gefügig und fanatisch genug werden, um an der Front als Kanonenfutter benutzt zu werden. Diejenigen, die nicht in den Kampf geschickt werden, dienen als Lakaien der Emire, als Wachen oder als Spione in den Dörfern und Lagern, in der die zu Feinden erklärten Jesiden oder andere religiöse Minderheiten gefangen gehalten werden. Einige Kinder, die freigelassen wurden, haben sich stark verändert. Sie verteidigen den Islam und den IS, obwohl sie beispielsweise Jesiden sind. Sie drohen ihrer eigenen Familie mit Enthauptungen, falls sie sich dem IS nicht anschließen sollten. Die Kinder sollen die pathologische Ideologie des IS in die eigene Gesellschaft tragen und diese von innen aushöhlen.

Aufgrund dieses unmenschlichen Verhaltens des IS-Terrors mit seinen schändlichen Taten hat die Landesregierung von Baden-Württemberg 2014 beschlossen, 1000 schutzbedürftige Frauen und Kinder aus dem Nordirak zur Behandlung nach Deutschland zu holen. Als medizinisch-therapeutischer Leiter in diesem Projekt habe ich mehr als 1000 Personen gesehen, untersucht und gesprochen.

Im Rahmen des Projekts habe ich auch Shirin im Nordirak gesehen und empfohlen, sie zur Behandlung nach Deutschland zu holen. Neben der starken psychischen Belastung Shirins ist mir vor allem aber ihre unglaubliche Stärke aufgefallen. Sie hat das Schlimmste erlebt, was ein Mensch erleben kann, und dennoch kämpft sie, um zu überleben. Sie kämpft jeden Tag gegen diese schrecklichen Erinnerungen, sie kämpft darum, wieder Hoffnung zu haben, auch wenn ihre Frage nach dem »Warum« unbeantwortet bleibt. Sie möchte wieder eine Zukunft haben. Der Tod und der Wunsch nach Sicherheit, Nähe und Liebe gehen Hand in Hand. Daher müssen wir Menschen wie Shirin helfen. Ich bin davon überzeugt, dass es wichtig ist, Frauen wie Shirin im Rahmen eines solchen Projekts zur Seite zu stehen.

Der Widerstand gegen Krieg und Genozide sowie die Aufnahme auch von traumatisierten Flüchtlingen gehören zu den Grundwerten von Menschenwürde, für die wir in der westlichen Welt gemeinsam einstehen sollten.

Ich hätte mir gewünscht, noch mehr Menschen, die solches Leid erleben mussten, helfen zu können. Leider waren es nur 1100 Personen, die zur Behandlung nach Deutschland kommen konnten. Und dennoch ist jedes Leben ein Leben, das gerettet werden muss.

Ich habe die Hoffnung auf Frieden im Nahen Osten nicht

verloren und hoffe auf viele Projekte, damit vor allem vor Ort den vielen Hunderttausend Menschen geholfen werden kann.

Für Shirin hoffe ich, dass sie lernt, mit diesem Trauma umzugehen, dass sie ihren alten Wunsch, Jura zu studieren, umsetzt und dass sie sich als Anwältin für die Rechte der Menschen einsetzt.

Zur Entstehung dieses Buches

Es ist schwer, eine traumatisierte Frau wie Shirin zu finden, die bereit ist, sich ihren Ängsten und Albträumen zu stellen und ihre Geschichte zu erzählen. Leider sind es oft nicht die gewissenlosen Täter, sondern ihre wehrlosen Opfer, die sich schuldig fühlen und schämen. Doch Shirin ist eine Kämpferin. Sie möchte wieder zurück ins Leben finden und das Unrecht beim Namen nennen.

Mehrere Tage lang habe ich mit der 18-Jährigen Interviews geführt. Zur Seite stand mir dabei Nalin Farec, eine sehr engagierte jesidische Jura-Studentin, die als Dolmetscherin fungierte. Die Gespräche waren schwierig, weil sie Shirin sehr viel Kraft abverlangten. Einzig als es um ihre unbeschwerten Erinnerungen aus der Kindheit ging, berichtete die junge Frau flüssig und gerne. Ansonsten war ihr ein zusammenhängendes Erzählen kaum möglich.

Verschiedene Details habe ich mehrmals erfragt, an unterschiedlichen Tagen, um am Ende ein vollständiges Bild zu erhalten. Meist hat Shirin Gefühle oder auch Personen beim Erzählen einfach »wegrationalisiert« und das Erlebte in Form nackter Fakten geschildert. So nüchtern, dass das Grauen am Ende weniger grauenhaft erschien.

Immer wieder musste ich nachfassen, nachfragen, nachbohren. Am Ende hatte ich ein Puzzle aus Tausenden von Teilen vor mir, das ich zu einer fließenden Erzählung zusammensetzen konnte. Es schmerzt, wenn man sieht, wie unsäglich ein Mensch unter den Bildern seiner Vergangenheit leidet. Wenn man erlebt, dass Worte immer wieder in Tränen ersticken und manchmal so schnell über die Lippen jagen, weil das Gegenüber vor seiner eigenen Geschichte fliehen möchte, ihr aber nicht entkommt.

Stück für Stück haben wir uns diese Vergangenheit erarbeitet, wie einen hohen Berg, der vor uns lag. Zwischendrin haben wir immer wieder Pausen eingelegt, verschnauft, sind spazieren gegangen, um Kraft für die nächsten Kapitel zu sammeln. Am Ende der Interviews sagte Shirin zu mir: »Es hat mir geholfen, meine Geschichte zu erzählen. Ich bin froh, dass ich das getan habe!«

Shirin ist eine ungewöhnlich mutige junge Frau. Ich hoffe, dass ihre Geschichte die Menschen aufrütteln wird. Ich hoffe, dass das Leid der Jesiden und der anderen durch den IS Verfolgten ein rasches Ende nimmt. Dass die Mütter ihre verkauften und misshandelten Kinder bald wieder in die Arme schließen dürfen. Dass die Welt dieses Elend nicht länger schweigend hinnehmen wird.

Flüchtlinge wie Shirin werden unser Land bereichern, und das nicht nur durch ihre Bescheidenheit, Herzensgüte und Stärke. Sie führen uns vor Augen, was für ein großartiges Geschenk Freiheit und Demokratie sind und dass es sich unbedingt lohnt, dafür zu kämpfen!

Alexandra Cavelius